安心、安全、経済的

保温調理鍋で
スロークッキング

渡邊純子

文化出版局

PART 1
生活の中から生まれた
ほうりっぱなしの半日料理

じっくり煮込んだおでん 4
ラタトゥイユ 6
オムレツのラタトゥイユがけ 6
煮豚 8
鶏レバーと腹卵の煮物 9
ひよこ豆と鶏肉のカレー煮 10
焼き大根の牛肉煮 12
お箸で切れるロールキャベツ 14
トマトミルクスープ 15
白菜と帆立のクリーム煮 16
白菜とさけ缶のクリーム煮 17
丸ごと野菜のポトフ 18
ポトフのポタージュ 18

この本のきまり
● 本書で使用している保温調理鍋は、火にかける調理鍋と、それを保温する保温容器の二つで構成されているものです。
● 本書では3～4人分向きの、2.6ℓの保温調理鍋を使用しています。
● 保温調理は、材料が煮汁やゆで汁などにつかっていることを原則にしていますから、4人分を2人分にするときは、汁の分量に気をつけ、調整してください。分量が変わっても、加熱時間や保温時間は基本的に変わりません。
● 小さじ1は5㎖、大さじ1は15㎖、1カップは200㎖です。

PART 2
驚きの保温調理クッキング
目からうろこのとっておきレシピ

いかのおから詰め煮 20
やわらかたこのマリネ 22
かぶの中華風射込み 23
チキンのビール煮 24
ローストビーフ 25
たたきごぼう 26
ごぼうのみそマヨネーズかけ 26
黒豆 27
くずきりと黒豆のデザート 27
割干し大根の煮物 28
シンプル茶碗蒸し 29
中華がゆ 30
玄米がゆ 30
鶏スープの作り方 31

PART 3
まとめ作りのゆで肉で
日々のおかずをもっと手軽に

ゆで鶏 32
　棒々鶏 32
　ゆで鶏のから揚げ 33
　タイ風チキンサラダ 33
ゆで豚 36
　簡単春巻き 36
　ゆで豚のにんにくみそ漬け 37
　ゆで豚のチーズかつ 37
　ゆで豚と高菜のチャーハン 37
塩ゆで豚 40
　塩ゆで豚とアンチョビのパスタ 40
　塩ゆで豚ときゅうりの前菜 41
　塩ゆで豚とキャベツのみそ炒め 41
ゆで牛肉 44
　ゆで牛肉のイタリアンサラダ 44
　ゆで牛肉のしょうが煮 45
　ゆで牛肉とピーマンのオイスターソース炒め 45
　冷めん 45

CONTENTS

PART 4
時間まかせの手抜きレシピで
スープ生活、始めましょ

丸ごとトマトの和風スープ　48
玉ねぎのスープ　49
野菜たっぷりスープ　50
発芽玄米の野菜リゾット　50
里芋のごま豆乳スープ　52
白いんげん豆とキャベツのスープ　53
スープのチーズ卵とじ　53
けんちん汁　54
豚汁　55
あさりとブロッコリーのスープ　56
たらとカリフラワーのクリームスープ　57
鶏肉とじゃがいものカレーミルクスープ　58
チキン風味のカレーポタージュ　58
牛肉と大根のピリ辛スープ　59
ピリ辛そうめん　59

温かい野菜のポタージュ　60
　カリフラワー
　ほうれん草
　にんじん
　生しいたけ
冷たい野菜のポタージュ　62
　かぼちゃ
　とうもろこし
　じゃがいも
　グリーンピース

PART 5
健康食材の豆と乾物は
手間をかけずにのんびり調理

ぶどう豆　64
大豆と手羽中の煮物　65
打ち豆と刻み昆布の煮物　66
白いんげん豆のツナサラダ　67
ミックスビーンズのマリネ　68
レンズ豆のベーコン煮　69
ひじきの煮物　70
ひじきの納豆あえ　70
切干し大根の煮物　71
切干し大根のサラダ　71
豚肉の昆布巻き　72
刻み昆布とつきこんにゃくのピリ辛煮　72
高野豆腐の肉詰め煮　73
干ししいたけの含め煮　73
かんぴょうの含め煮　73
干し貝柱ととうがんの煮物　76
干しえびとザーサイのひき肉蒸し　76
かんぴょうと長ねぎのスープ　77
するめと豚肉のスープ　77

PART 6
保温調理ならではの
おいしい野菜料理

かぼちゃのサラダ　80
さつまいものレモン煮　80
里芋の煮物　81
里芋の揚出し　81
しいたけの肉詰め煮　81
長ねぎのマリネ　84
白菜のベーコン煮　84
ふろふき大根　85
ゆでごぼうのサラダ　85
ゆでごぼうの肉巻き焼き　85
さやいんげんのサラダ　88
そら豆の塩ゆで　88
たけのこご飯　88
新じゃがとアスパラのアイオリディップ　89
なすの含め煮　92
とうもろこしの塩ゆで　92
とうもろこしのサラダ　92
枝豆の塩ゆで　93
枝豆のぜいたく煮　93
ゴーヤーの肉詰め煮　93

PART 1

生活の中から生まれた
ほうりっぱなしの半日料理

わが家に保温調理鍋がやってきたとき、初めて作ったのが定番のおでんでした。驚きは大根と好物のこんにゃくの煮上り。中までしっかり味がしみて、もう絶品の味わい。大根はめんどうな面取りの必要もなく、厚い輪切りにしてもおいしく煮えることは、この上ない感動でした。そして何よりもうれしかったのは、加熱して保温容器に入れておけば、火の心配もなく、一仕事（遊び？）終えて帰宅すると、料理ができていることでした。このPART1では、私の生活の中から生まれた、半日（6～8時間）ほうりっぱなしの超のんびり料理をご紹介していきます。このおでんについて一言付け加えるならば、魚介の加工品である練り物は、あまり長く保温調理すると魚のうまみが失われていきます。ちくわやつみれ、はんぺんなどは、いただくときに加えて煮るほうがいいようです。

じっくり煮込んだおでん

材料（4人分）
- 大根 —— 10cm長さ
- こんにゃく（あく抜き）—— 1枚
- ゆで卵 —— 4個
- さつま揚げ（小判形）—— 小8枚
- 油揚げ —— 2枚
- 餅（角切り）—— 2個
- 昆布（煮物用）—— 70cm長さ
- 水 —— 4カップ
- 削りがつお —— 5g
- 調味料A
  - 酒 —— 大さじ2⅓
  - みりん —— 大さじ2⅓
  - しょうゆ —— ⅓カップ
  - 塩 —— 小さじ1
- 練りがらし —— 適宜

作り方

1 大根は四つの輪切りにして皮をむき、片面に浅く十字の切り目を入れる。こんにゃくは四つの三角に切り、ゆで卵は縦に浅く4～6本の切り目を入れる。

2 さつま揚げと油揚げはざるにのせ、熱湯を回しかけて油抜きをする。油揚げは半分に切って袋状に開き、半分に切った餅を入れてようじでとめる。

3 調理鍋に昆布を入れて分量の水を注ぎ、10分ほどおいてやわらかくもどす。昆布を取り出して縦半分に切り、結び目を4個ずつ作って包丁で切り離し、結び昆布を作る。

4 削りがつおは市販のだし用パックに詰める。

5 3の昆布をつけた水が入っている調理鍋を火にかけて調味料Aを加え、1～3のおでんだねのすべてを煮汁につかるように入れて強火にする。

6 5が煮立ってきたら4のパックをのせて軽く煮立つ火加減にし、10分煮る。

7 6にふたをし、保温容器に入れて6時間ほど保温する。

8 7の調理鍋を取り出して、だし入りのパックを取り除き、鍋を再び温める。器に盛りつけ、好みで練りがらしを添える。

野菜不足を感じたときに、ぜひ作っていただきたいのが南仏料理のラタトゥイユ。ごろごろと大きく切った野菜のトマト煮です。おいしく作る一手間は、野菜を炒めて蒸し煮にしているところ。こうすることで、野菜の甘みとうまみが中に閉じ込められて、煮上がりがワンランクアップします。野菜はなるべくあくの少ないものを選んでください。そして短時間で仕上げたいときは、野菜を小さく切ればいいのです。ラタトゥイユは冷めてもおいしく、一年を通して楽しむことができます。いつも多めに作り、ソテーした肉や魚にかけたり、パスタソースにしたり、時にはピザソースにして活用しています。野菜のくずれが気にならなければ冷凍もできますから、保存しておくのもいいですね。

ラタトゥイユ

材料（4人分）
- ズッキーニ —— 2本（300g）
- 塩 —— 小さじ1
- パプリカ（赤、黄）—— 各1個
- 玉ねぎ —— 2個
- にんにく —— 1かけ
- トマト（水煮缶詰）—— 1缶（400g）
- オリーブ油 —— 大さじ3
- ローリエ —— 1枚
- 塩 —— 小さじ1強
- こしょう —— 少々
- ガーリックトースト —— 適宜

作り方
1. ズッキーニは2cm厚さの半月か輪切りにし、塩小さじ1をふりかけて全体になじませ、10分ほどおいて水気をふき取る。
2. パプリカはへたと種を取って2～3cmの角切りにし、玉ねぎも同じくらいの大きさに切る。にんにくはみじん切りにする。
3. トマトは缶汁ごとボウルにあけ、手でトマトを握るようにして細かくつぶす。
4. 調理鍋にオリーブ油と2のにんにくを入れて中火で炒め、香りが出てきたら玉ねぎを入れてさらに炒める。玉ねぎの周囲が透き通ってきたら1のズッキーニを加えて炒め合わせ、ふたをして途中上下を返しながら3分ほど蒸し煮にする。
5. 4に2のパプリカを加えて炒め合わせ、再びふたをして途中上下を返しながら3分ほど蒸し煮にする。
6. 5に3のトマトを汁ごと注ぎ、ローリエと塩を加えて全体を混ぜ合わせ、はじめ強火で、煮立ってきたら軽く煮立つ火加減にして5分ほど煮る。
7. 6にふたをし、保温容器に入れて6時間ほど保温する。
8. 7の調理鍋を取り出して再び火にかけ、こしょうで味を調える。器に盛りつけ、好みでガーリックトーストを添える。

アレンジ

オムレツのラタトゥイユがけ
プレーンオムレツにラタトゥイユをかけたものです。こうすると野菜たっぷりの卵料理に変身します。さらにボリュームをつけたいときは、オムレツにハムやひき肉を加えて焼くといいでしょう。

とても簡単なのに、ごちそうに見える、この煮豚はおもてなしにぴったりの一品です。肉の周囲を焼きつけて、煮汁で10分煮るだけ。あとは火なしの保温容器がのんびりと調理をしてくれます。大切なポイントは、肉の上まで煮汁がきていること。そして丁寧にあくを取ることです。ここではポリプロピレンの不織布でできた、市販のあく取りシートを使っています。保温調理中は蒸発しないので、どうしてもあくが中にこもりがちです。10分ほどの加熱中に鍋にふたをしないのも、この時間で雑味をとばしているからなのです。また初めて作ると、残った煮汁の多さにきっと驚くことでしょう。でもご心配なく！　青菜や根菜を煮たり、ひき肉でそぼろを作ったり、どんぶり物に使ったりと大活躍。冷凍もできますから、うまみたっぷりの煮汁を最後まで使いきってください。

煮豚

材料(作りやすい分量)
- 豚肩ロース肉(塊)——800g
- サラダ油——小さじ2
- 煮汁
  - 水——4カップ
  - 酒——1カップ
  - しょうゆ——1カップ
  - 砂糖——大さじ3
- 香味野菜
  - しょうが(薄切り)——3枚
  - 長ねぎの青い部分——1本分
  - にんにく(皮つき)——1かけ
- 八角(好みで)——1個
- たれ
  - 煮汁——3カップ
  - 砂糖——大さじ1
- 長ねぎ——1本

作り方

1 豚肉は2、3個に切り、形くずれしないようにたこ糸を巻いて形を整える。調理鍋にサラダ油を熱して豚肉を入れ、回しながら表面に焼き色をつける。

2 1の鍋の余分な油をふき取り、煮汁と香味野菜の材料、好みで八角を入れ、あればあく取りシートをのせて強火にする(このとき肉が煮汁から出るようなら、水を加えてつかるようにする)。煮立ってきたら軽く煮立つ火加減にし、10分ほど煮る。

3 2のあく取りシートを取り除いてふたをし、保温容器に入れて6時間ほど保温する。

4 3の調理鍋を取り出し、肉は粗熱が取れるまで煮汁の中で冷ます。

5 たれを作る。4の煮汁3カップと香味野菜と八角、砂糖を別鍋に入れ、1/3量になるくらいまで煮つめてこし器でこす。

6 4の煮豚は糸をはずして薄切りにし、長ねぎのせん切りとともに器に盛りつけて、5のたれをかける。

アレンジ
鶏レバーと腹卵の煮物

作り方(作りやすい分量) 鶏レバー300gと鶏の腹卵100gは塩水で洗い、食べやすい大きさに切る。鍋に入れて煮豚の煮汁をひたひたに注ぎ、紙ぶたをして強めの中火で汁気がほとんどなくなるまで煮る。器に盛りつけ、七味とうがらしをふる。

あく取りシート

のせておくだけで肉、魚介、野菜などのあくや余分な油脂を取ってくれる便利なポリプロピレンの不織布。使い方は、煮はじめにのせ、煮えたら取り除きます。のせたまま長時間の保温調理もでき、汁の量に大きな変化はないようです。あく取りシートを使わない場合は、煮立ったときに出るあくを丁寧にすくい取ってください。

保温調理鍋ならではの、絶品カレーができました。材料は少なめで、作り方も簡単。半日ほうりっぱなしで、なんと一晩ねかせたようなこくのあるカレーができ上がります。秘密は、もどしただけの豆をじっくり煮ていることと、骨つき肉を使っていること。どちらも保温調理鍋の得意素材です。とろみは薄切りにしたじゃがいもでつけました。じゃがいもはそのでんぷん質を生かしたいので、包丁で切ったときも水にさらさないようにしてください。カレーは作ってすぐにいただいてもかまいませんが、翌日になるとさらに渾然一体となった深い味わいの一品に変化を遂げます。骨つきのぶつ切り肉がないときは手羽先にしてもOK。もちろん冷凍保存もできます。このカレーを作りはじめてから、市販のルウを使うことが少なくなりました。

ひよこ豆と鶏肉のカレー煮

材料(4人分)
- ひよこ豆(乾燥) ── 1カップ
- 水 ── 3カップ
- 鶏骨つきもも肉(ぶつ切り) ── 450g
- 塩、こしょう ── 各少々
- 玉ねぎ ── 小1個
- にんにく ── 1かけ
- じゃがいも ── 小1個
- サラダ油 ── 大さじ1
- 調味料A
  - カレー粉 ── 大さじ1
  - トマトペースト ── 大さじ1
  - 固形スープの素 ── 1個
  - 塩 ── 小さじ1
  - こしょう ── 少々

作り方

1 ひよこ豆は分量の水につけて一晩おき、ふっくらともどす。

2 鶏肉は塩、こしょうをふって下味をつける。玉ねぎは半分に切って薄切りにし、にんにくはみじん切りに、じゃがいもは皮をむく(スライサーがない場合はここで薄切りにする)。

3 調理鍋にサラダ油を熱して2の鶏肉を入れ、表面に焼き色をつけて火を止め、鶏肉を取り出す。

4 3に玉ねぎとにんにくを入れて鍋底についたうまみをこそげ、再び火にかけて玉ねぎがしんなりするまで炒める。そこにじゃがいもをスライサーで薄切りにしながら加え、透き通るまで炒める。

5 4に1のひよこ豆をつけた水ごと加え、調味料Aをすべて加えて強火にする。煮立ってきたら3の鶏肉を煮汁に沈めるようにして戻し、ときどきかき混ぜながら10分ほど煮る。

6 5にふたをし、保温容器に入れて6時間ほど保温する。

7 6の調理鍋を取り出して再び火にかけ、上下を返すようにしながら、じゃがいもをくずしてとろみをつける。

食べることが大好きなスタッフが打合せに来るというので、とりあえず何か作っておこうと思い、考えついたのがこの料理です。大根の厚さはなんと4㎝、あっさり味ではもの足りないだろうと、煮る前に油で焼きつけてこくをプラスしました。そして肉ですが、薄切りは半日も煮てしまうと肉のうまみがすっかり抜けてしまうのです。そこで、はじめに肉は炒めて取り出し、その肉のうまみで大根を煮て、仕上げに炒めた肉を戻すという方法にしました。

ふっくらと煮えた大根と牛肉は、おかわりの声がかかるほど大成功！ どの調理にもいえることですが、保温調理も素材の大きさや産地、季節などの影響を受けます。大根料理一つとっても、一年を通して全く同じにできることはありません。この料理は、できれば秋冬の肉質のやわらかい大根で作ることをおすすめします。

焼き大根の牛肉煮

材料（4人分）

- 大根 —— 16㎝長さ（650g）
- 牛肉（切落し）—— 200g
- 焼き肉のたれ（市販品）
  —— 大さじ2½
- ごま油 —— 大さじ1
- 煮汁
  - 水 —— 2カップ
  - 焼き肉のたれ（市販品）—— 大さじ1
  - しょうゆ —— 大さじ1
- 昆布 —— 5㎝長さ

作り方

1 大根は皮つきのまま4㎝厚さの半月切りにする。牛肉は食べやすい大きさに切り、焼き肉のたれをよくもみ込む。

2 調理鍋を熱してごま油の半量を広げ、大根を並べて両面に焼き色をつけ、一度取り出す。

3 2の鍋に残りのごま油を加えて1の牛肉を炒め、肉の色が全体に変わったら取り出す。

4 3の鍋に煮汁の材料を注ぎ、2の大根を戻して並べて昆布を加え、あく取りシート（p.9参照）をのせて強火にする。煮立ってきたら軽く煮立つ火加減にし、10分ほど煮る。

5 4のあく取りシートを取り除いてふたをし、保温容器に入れて6～8時間ほど保温する。

6 5の調理鍋を取り出して再び火にかけ、3の牛肉を戻して温め、器に盛る。

家に帰ればロールキャベツが待っていてくれるなんて、なんと幸せなことでしょう！下ごしらえがとても簡単ですから、お料理が苦手な方もぜひチャレンジを。ロールキャベツのよくある失敗は、材料が躍って、巻いたキャベツがほぐれてくることです。この保温調理なら、ようじが不要、巻き方も普通でOK。加えて、かたい軸の部分もやわらかく煮えます。キャベツの葉が小さいときは、2枚、3枚と重ねても大丈夫ですよ。調理のポイントは、ロールキャベツの大きさをそろえ、煮汁にしっかりつけること。汁の上に出ていると、味のしみ込みや煮え方にむらができます。キャベツにもよりますが、6時間くらいでお箸でも切れるやわらかさに煮上がります。煮汁には肉のうまみも出ていますから、ロールキャベツと一緒にいただくか、多いときは下でご紹介しているように牛乳を加え、別のスープにして楽しんでください。

お箸で切れるロールキャベツ

材料(4人分)
- キャベツ —— 大4枚
- 小麦粉 —— 適宜
- 肉だね
  - 合いびき肉 —— 300g
  - 玉ねぎ(みじん切り) —— 1/2個分
  - パン粉 —— 1/2カップ
  - 牛乳 —— 1/4カップ
  - とき卵 —— 1/2個分
  - 塩 —— 小さじ1/2
  - こしょう —— 少々
- トマトジュース(無塩) —— 3カップ
- 固形スープの素 —— 1個
- 塩 —— 小さじ1/3
- こしょう —— 少々

作り方

1 キャベツは熱湯でゆでるか、ラップフィルムに包んで電子レンジ(500W)に4分ほどかけてやわらかくし、ざるに広げて冷ましておく。

2 肉だねを作る。パン粉は分量の牛乳につけてしっとりさせ、材料のすべてをよく練り合わせて、4等分する。

3 1のキャベツを広げて水気をふき取り、小麦粉を薄くふりかけて2の肉だねをのせ、手前から折りたたんで普通に巻く。

4 調理鍋に3のロールキャベツを巻終りを下にして並べ、トマトジュースを注いで固形スープの素を加え、落しぶたをして強火にかける(このときロールキャベツが煮汁から出るようなら、トマトジュースを加えてつかるようにする)。煮立ってきたら軽く煮立つ火加減にし、10分ほど煮る。

5 4の落しぶたを取ってふたをし、保温容器に入れて6〜7時間保温する。

6 5の調理鍋を取り出して再び火にかけ、塩とこしょうで調味して、器に盛る。

アレンジ
トマトミルクスープ
作り方(作りやすい分量) ロールキャベツの煮汁1カップに牛乳2カップを加えて温め、塩小さじ1/3、こしょう少々で調味して器に盛りつけ、パセリのみじん切りをふる。

夕方帰宅してから作っても30分でできる料理を、なぜ6時間もかけるのか……。その答えはこの料理を食べていただくしかありません。とろとろに煮えた白菜、帆立のうまみもしみ込んで、野菜のおいしさに感動する一品です。もちろん加えたボイル帆立貝もかたくならず、おいしさをキープ。生の帆立貝でも作ってみましたが、6時間保温調理するとうまみが出てしまい、そのうまみがみんな白菜にしみ込んでしまいます。ですから手ごろなボイルで充分。17ページでご紹介しているように、さけの缶詰などでもおいしくできます。またクリーム煮にはホワイトソースを使うのですが、調理中にふきこぼれやすいのですが、保温調理はその点もクリア。火加減の心配がいらないのも、料理初心者にとってうれしいことです。

白菜と帆立のクリーム煮

材料（4人分）
- 白菜——1/4株（約650g）
- 帆立貝柱（ボイル）——8個
- 酒——大さじ1
- きくらげ——大さじ1
- しょうが——20g
- にんにく（皮つき）——1かけ
- ホワイトソース（缶詰）——1缶（290g）
- 水——1/3カップ
- サラダ油——大さじ1
- 水——2/3カップ
- 固形スープの素（チキン）——1個
- 塩——小さじ1/2
- こしょう——少々
- 水溶き片栗粉
  - 片栗粉——大さじ1 1/2
  - 水——大さじ1 1/2
- ごま油——少々

作り方

1 白菜は葉先と白い軸の部分に切り分け、葉先は食べやすくちぎり、軸の部分はそぎ切りにする。帆立貝柱は水気をふき取り、酒をふって下味をつける。

2 きくらげは熱湯に5分ほどつけてもどし、よく水洗いして石づきを取り、食べやすい大きさにちぎる。しょうがは皮をむいて薄切りにし、にんにくは皮つきのままさっと洗う。

3 ホワイトソースはボウルにあけ、水1/3カップを注いでよく混ぜ合わせる。

4 調理鍋にサラダ油を熱してしょうがと白菜の軸を炒め、ふたをしてときどき上下を返しながら3分ほど蒸し煮にする。軸の量が半分くらいに減ったら白菜の葉先を加え、ふたをして途中上下を返しながら1分ほど蒸し煮にする。

5 4に水2/3カップを注ぎ、固形スープの素、2のにんにくときくらげを加えて強火にする。煮立ってきたら3のホワイトソースを注いで塩、こしょうし、全体をよく混ぜ合わせる。

6 5が再び煮立ってきたら1の帆立貝柱を煮汁の中に沈めるようにして加え、一煮する。

7 6にふたをし、保温容器に入れて6時間ほど保温する。

8 7の調理鍋を取り出して再び火にかけ、水溶き片栗粉でとろみをつけて、仕上げにごま油をふり、器に盛りつける。

アレンジ

白菜とさけ缶のクリーム煮

作り方（4人分）　作り方6で、帆立貝柱の代りにさけ（缶詰）210gの缶汁をきって加え、あとは同様に作る。

忙しいときの"お助け料理"にぴったりなのが、この一皿。野菜を丸ごと調理鍋に入れ、10分ほど煮た後、半日ほうりっぱなしで完了です。このポトフの隠し味は、干ししいたけ。昆布同様、100℃以下の保温調理でうまみがじっくり引き出されます。はじめはベーコンの薄切りや塊で作っていましたが、6時間おくとだしがらになってしまい、ベーコンのおいしさが楽しめません(その代わり、野菜が格段においしくなるのはいうまでもありませんが)。それで精進だしを思い出し、干ししいたけを使ってみたというわけです。仕上げに生ハムをのせるのは、ポルトガル・スタイル。献立によっては、生ハムなしのやさしいポトフを味わうのもすすめです。保温調理全般にいえることですが、加えるスパイスのこしょうやローリエは、いつもより控えめに。蒸発しないので、ききめが強く出ます。調理時間を短くしたいときは、野菜を小さめに切ればいいだけですよ。

丸ごと野菜のポトフ

材料(4人分)
じゃがいも(メークイン)——大2個
にんじん——1本
セロリ——1本
玉ねぎ——2個
水——5カップ
固形スープの素——2個
干ししいたけ——大2枚
白粒こしょう——小さじ1
ローリエ——小1枚
塩——小さじ1
生ハム——4枚

作り方

1 じゃがいもは皮をむき、水にさらす。にんじんは皮つきのままよく水洗いし、セロリは筋を取って長さを半分に切る。玉ねぎは皮をむいてひげ根を取り、根元に深さ1cmの切込みを1本入れる。

2 調理鍋に1の野菜を表面が平らになるように詰め、分量の水を注いで固形スープの素、干ししいたけ、粒こしょうとローリエを加え、強火にかける。

3 2が煮立ってきたら塩を加え、軽く煮立つ火加減にして10分ほど煮る。

4 3にふたをし、保温容器に入れて6〜8時間ほど保温する。

5 4の調理鍋を取り出して再び火にかけ、やわらかくなった野菜を切り分けて器に盛りつけ、熱いスープを注いで生ハムをのせる。

アレンジ

ポトフのポタージュ

二日続けて同じものを食べたくないときは、ポタージュにするとまた違った味わいが楽しめます。作り方は、適当に刻んだポトフの野菜とこしたスープをミキサーに入れてなめらかにし、それを温めて塩とこしょうで味を調えます。器に盛りつけ、好みでクルトンを散らすといいでしょう。

PART 2
驚きの保温調理クッキング
目からうろこのとっておきレシピ

いかのおから詰め煮

加熱 **2**分 ▶ 保温調理 **30**分

かたくなりがちないかの煮物が
保温調理でふっくらとしたやわらかさに

いかの煮物はさっと煮るか、ことこと長く煮るか、中途半端だとどうしてもかたくなりがちです。保温調理なら、そんな心配も無用！穏やかな加熱がいかの繊維をふっくらとやわらかく煮上げてくれます。残った煮汁はおからや青菜の煮物に使ってください。

材料(4人分)
- いか —— 小2はい
- 詰め物
  - おから —— 80g
  - 干ししいたけ —— 小2枚
  - いかの足 —— 2はい分
  - にんじん(みじん切り) —— 大さじ2
  - 長ねぎ(みじん切り) —— 大さじ3
  - サラダ油 —— 小さじ2
  - 酒 —— 大さじ2
  - しょうゆ —— 小さじ2
  - だしの素(顆粒) —— 小さじ$\frac{1}{4}$
  - 片栗粉 —— 大さじ1
- 煮汁
  - だし汁 —— 3カップ
  - 酒 —— $\frac{1}{4}$カップ
  - みりん —— 大さじ2
  - しょうゆ —— 大さじ2
  - 塩 —— 小さじ$\frac{1}{4}$
- しょうが(せん切り) —— 適宜
- 塩 —— 少々

作り方

1 いかは足と内臓を引き抜いて胴の中をきれいに洗い、水気をふき取る。

2 詰め物を作る。干ししいたけは水でもどして軸を落とし、みじん切りにする。1で抜いたいかの足は内臓を切り離し、目と口を取り除いて細かく刻む。

3 フライパンにサラダ油を熱して2のしいたけを炒め、香りが出てきたらにんじん、長ねぎ、いかの足を順に加えて炒め合わせる。いかに火が通ったら酒、しょうゆ、だしの素で調味し、汁気がほとんどなくなるまで炒める。

4 3をバットに広げて充分に冷まし、全体に片栗粉をふって混ぜながらまぶす。

5 ボウルにおからを入れ、4を加えてよく混ぜ合わせ、1のいかの胴に半量ずつ詰めて、口をようじでとめる。

6 調理鍋に煮汁の材料を煮立て、5のいかを並べ入れて1分ほど煮て、さらにいかの上下を返して1分ほど煮る。

7 6にふたをし、保温容器に入れて30分ほど保温する。

8 いかを輪切りにして器に盛りつけ、残った煮汁2カップにしょうがと塩を加えて味を調え、いかの上から回しかける。

保存について
煮汁ごとポリ袋に入れ、冷凍保存ができます。いただくときは冷蔵庫で自然解凍し、鍋に入れて温めます。電子レンジでは決して温めないでください。いかが袋状になっているので場合によっては破裂することがあります。

加熱 **1** 分 ▶ 保温調理 **2** 時間

難しいと思っていたたこも、得意素材の一つ
おもてなしメニューに入れてびっくりさせては?

やわらかたこのマリネ

レストランや日本料理店で出される、やわらかいたこ料理。家庭では難しいと思っていませんか。いかと同様、保温調理でビギナーにも簡単に作れます。ここではマリネ用にゆでましたが、煮る場合も保温時間は同じです。

材料(4人分)
ゆでだこの足 —— 2本(400g)
ゆで汁
  ┌ 湯 —— 3カップ
  └ 酒 —— 大さじ2
マリネ液
  ┌ 玉ねぎ(みじん切り) —— 大さじ4
  │ セロリ(みじん切り) —— 大さじ3
  │ レモン汁 —— 大さじ2
  │ オリーブ油 —— 大さじ3
  │ しょうゆ —— 小さじ1
  │ 塩、こしょう —— 各少々
  └ にんにく(すりおろし) —— 少々
黒オリーブ —— 適宜

作り方

1 調理鍋にゆで汁を煮立て、たこを入れて1分ほどゆでる。

2 1にふたをし、保温容器に入れて2〜3時間保温する(竹串を刺してみて、すーっと通ればいい)。

3 2の調理鍋を取り出してふたを開け、たこはそのままゆで汁の中で冷ます。

4 ボウルにマリネ液の材料を入れ、よく混ぜ合わせる。

5 3のたこを取り出して食べやすい大きさのそぎ切りにし、4のマリネ液につけて味をなじませる。

6 器に盛りつけ、黒オリーブを散らす。

加熱 **5** 分 ▶ 保温調理 **20** 分

材料が躍らないので、煮くずれなし
加えて、面取りの必要もありません

かぶの中華風射込み

和風でもおなじみの、かぶの詰め物料理。形よく煮上げるこつは、面取りと、火加減です。保温調理鍋なら、その難問をクリア。材料が躍らないので、詰め物が飛び出すこともありません。味つけは、ご飯がすすむ中華味にしました。

材料(4人分)
- かぶ——8個
- かぶの葉——1束分
- 詰め物
  - えび(無頭、殻つき)——7尾(150g)
  - 酒——小さじ1
  - しょうが汁——小さじ1
  - 塩——小さじ1/4
  - 片栗粉——小さじ2
- 煮汁
  - 湯——2 1/2カップ
  - 鶏ガラスープの素(顆粒)——小さじ2
  - 酒——大さじ2
- オイスターソース——大さじ2
- 塩——小さじ1/2
- 水溶き片栗粉
  - 片栗粉——小さじ2
  - 水——小さじ2
- ごま油——小さじ1

作り方

1 かぶは軸を1.5cmほど残して切り、水につけて軸の間の汚れを竹串で洗い落とす。皮をむいてふたにする上部1/4を切り、それぞれ詰め物が形よく入るようにボーラーでくりぬく。器にするかぶは底を平らにしてすわりをよくする。

2 かぶの葉はよく洗い、水気をきって4cm長さに切る。

3 詰め物を作る。えびは殻をむいて背わたを取り、細かくたたき切る。ボウルに入れて酒、しょうが汁、塩と片栗粉を加えてよく混ぜ合わせ、8等分する。

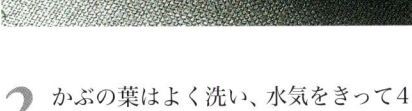

4 1のかぶの詰め物をする表面に薄く片栗粉(分量外)をふり、3を丸めて詰めて、その上からも片栗粉(分量外)を薄くふる。

5 調理鍋に煮汁の材料を煮立て、一度火を止めて4のかぶと1のふたにするかぶを重ならないように並べ、あればあく取りシート(p.9参照)をのせて強火にかける。

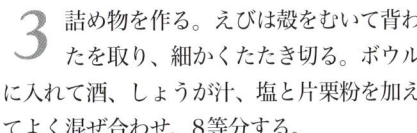

6 5が煮立ってきたら軽く煮立つ火加減にして5分ほど煮、あく取りシートを取り除いて、煮汁にオイスターソースを加えて一煮する。

7 6にふたをし、保温容器に入れて20分ほど保温する。

8 かぶは器に盛りつけ、残った煮汁で2の葉を煮て塩で味を調え、水溶き片栗粉でとろみをつけて仕上げにごま油をたらす。葉をつけ合わせ、全体に煮汁をかける。

加熱 **5** 分 ▶ 保温調理 **30** 分

肉が縮まず、ジューシーな煮上りに 本格レストランの一皿が手軽にできます

チキンのビール煮

アルコール分が肉をやわらかくすることは知られていますが、保温調理鍋で作ると加熱が穏やかなせいか、ふっくらとジューシーに煮上がります。加えて、肉の縮みが少ないことにもびっくり！ 洋食に欠かせない炒め玉ねぎは、便利な市販品を使っています。

材料(4人分)
- 鶏もも肉 —— 大2枚(660g)
-   塩、こしょう、小麦粉 —— 各少々
- にんにく —— 1かけ
- 炒め玉ねぎ(市販品) —— 1個分
- サラダ油 —— 大さじ1 1/3
- 煮汁
  - ビール —— 1 1/2 カップ
  - トマトペースト —— 大さじ1
  - スープの素(顆粒) —— 小さじ1/2
  - 塩 —— 小さじ1/4
  - こしょう —— 少々
  - ローリエ —— 1/2枚
- パスタ(好みのもの) —— 160g
- 塩、オリーブ油 —— 各少々

作り方

1. 鶏肉は余分な脂を切り取り、1枚を半分に切って塩、こしょうし、小麦粉を薄くふる。にんにくはみじん切りにする。
2. 調理鍋にサラダ油大さじ1を熱し、1の鶏肉を両面よく焼いて取り出し、火を止めて余分な油をキッチンペーパーで吸い取る。
3. 2の鍋に残りのサラダ油大さじ1/3と1のにんにくを入れて炒め、薄く色づいてきたら炒め玉ねぎを加えてさっと炒め合わせ、煮汁の材料をすべて加える。
4. 3が煮立ってきたら2の鶏肉を戻し入れ、軽く煮立つ火加減で5分ほど煮る。
5. 4にふたをし、保温容器に入れて30分ほど保温する。
6. パスタはゆでてざるに上げ、塩をふってオリーブ油をからめる。器に5の鶏肉を盛りつけてパスタをつけ合わせ、全体に煮汁をかける。

炒め玉ねぎ

玉ねぎのみじん切りをあめ色になるまで炒めたものが市販されています。写真は使いやすい玉ねぎ1個分のレトルトタイプ。このほかに3個分のもの、瓶詰などもあります。生の玉ねぎを使う場合は、あめ色になるまで炒めてください。

・・・▶ 保温調理 **30**分

隠し技で作る、失敗なしの豪華料理
あまりの簡単さに、ただただ驚くばかり！

ローストビーフ

保温調理鍋が長く高温を保持することを利用して、こんなごちそうも作れます。初めてできたときは、もう驚くばかり。失敗しながらオーブンで焼いていたのがうそのようです。ここではつけ合せのポテトも保温調理しています。

材料（4人分）
- 牛もも肉（塊）——400〜500g
- 塩——小さじ1
- こしょう——適宜
- にんにく——1かけ
- サラダ油——大さじ1
- ベビーポテト——8個
- ソース
  - 肉汁——全量
  - 水——1/4カップ
  - しょうゆ、こしょう——各少々
- クレソン——適宜

作り方

1. 牛肉はたこ糸で巻いて形を整え、塩、こしょうをすり込んで下味をつける。にんにくは軽くつぶす。

2. フライパンにサラダ油と1のにんにくを入れて中火にかけ、にんにくが薄く色づいてきたら牛肉を入れ、5分ほどを目安に表面に焼き色をつけ、ファスナーつきの厚めのポリ袋ににんにくも一緒に入れる。フライパンはソースを作るのでそのままにしておく。

3. 調理鍋に湯7カップを沸かし、沸騰したら水1カップを注いで約85℃の湯を作り、その中に2の牛肉を袋ごと入れてふたをし、保温容器に入れて30分保温する。
   ＊30分でレア、45分でミディアムレア、60分でウェルダンに仕上がる。

4. 3の牛肉を袋ごと取り出し、そのまま粗熱を取って肉を落ち着かせる。

5. 湯が入っている4の調理鍋によく洗ったポテトを入れ、一度沸騰させて火を弱め、4分ほどゆでる。ふたをして保温容器に入れ、10〜13分保温する。

6. ソースを作る。2のフライパンの余分な油を取り除き、4の肉から出た肉汁と分量の水を入れて中火にかけ、底にこびりついた肉のうまみをこそげて、しょうゆとこしょうで味を調える。

7. 6のフライパンを洗ってきれいにし、5のポテトをサラダ油適宜で焼いて塩少々（共に分量外）をふる。

8. 4の肉の糸をはずして薄切りにし、器に盛りつけて7のポテトをつけ合わせ、クレソンを添えて6のソースをかける。

加熱 **5** 分 ▶ 保温調理 **15** 分

年老いた母が大喜びした久しぶりのごぼう
そのやわらかさに、料理の幅が広がります

たたきごぼう

食物繊維が豊富な健康野菜のごぼう、かたくてなかなか食べられないという方も多いようです。そんなときは、ぜひ保温調理を。かたい繊維がやわらかくゆで上がります。ゆでごぼうはあえ物やサラダ、炒め物、煮物などにも使えます。

材料(4人分)
　ごぼう —— 1本(150g)
　水 —— 3カップ
　ごま酢
　┌ 白すりごま —— 大さじ2
　│ 砂糖 —— 大さじ1½
　│ 塩 —— 小さじ⅓
　│ 酢 —— 大さじ3
　└ だし汁 —— 大さじ2

作り方

1 ごぼうはたわしで皮をこすり洗いし、鍋に入る長さに切りそろえる。

2 調理鍋に分量の水と1のごぼうを入れて強火にかけ、煮立ってきたら軽く煮立つ火加減にして5分ほどゆでる。

3 2にふたをし、保温容器に入れて15分ほど保温する(太さにもよるが、竹串を刺してみて、かたいようならさらに10分ほど保温する)。

4 3の調理鍋を取り出し、粗熱が取れるまでそのまま冷ます。ごぼうを取り出し、すりこぎなどで軽くたたいて繊維をくずし、4cm長さに切る。

5 ごま酢の材料を混ぜ合わせ、4のごぼうをあえて、器に盛りつける。

アレンジ

ごぼうのみそマヨネーズかけ

作り方(4人分)　ごぼうは作り方4まで同様にし、マヨネーズ大さじ4、みそ小さじ2、酢小さじ2をよく混ぜ合わせたみそマヨネーズをかける。

加熱 **30** 分 ▶ 保温調理 **7** 時間

保温調理鍋の本領発揮を実感する一品
光熱費もかからず、仕上りは料亭並みの美しさ

材料(作りやすい分量)
　黒豆——2カップ(300g)
　煮汁
　┌水——5カップ
　│砂糖——250g
　│塩——小さじ1/2
　│しょうゆ——大さじ1
　└重曹(好みで)——小さじ1/2

作り方

1 黒豆はたっぷりの水の中に入れてさっと洗い、ざるに上げる。

2 調理鍋に煮汁の材料を入れて煮立て、砂糖が溶けたら火を止めて、煮汁が熱いうちに1の黒豆を入れ、ふたをしてそのまま7～8時間おいて豆をふっくらもどす(保温容器には入れない)。

3 2にあればあく取りシート(p.9参照)、または紙ぶたをして強火にかけ、煮立ってきたら軽く煮立つ火加減にして30分ほど煮る。

4 3のあく取りシート、または紙ぶたを取らずにそのままふたをし、保温容器に入れて7～8時間ほど保温する。

黒豆

火を気にしながら長時間煮ていた黒豆ですが、保温調理に変えたら、まるで魔法のように簡単にできました。重曹は豆の皮をやわらかくするので、好みで加えてください。煮汁につけておけば、冷蔵庫で1週間、もちろん冷凍保存もできます。

アレンジ

くずきりと黒豆のデザート

くずきり(乾燥)はゆでて充分に冷やし、器に盛りつけます。黒豆を散らして、煮汁をみつ代りにかけていただきます。

加熱 **5**分 ▶ 保温調理 **15**分

乾物はもどさずに、煮ながら味を含ませて
うまみも、栄養も、逃すことなくいただきます

割干し大根の煮物

大根は干すことによって甘みとうまみが増し、加えてカリウム、カルシウムなどのミネラルも増加します。水でもどし、そのもどし汁を捨ててしまってはもったいない！ 保温調理で煮含めながら、そのすべてを効率よくいただきましょう。

材料（4人分）
- 割干し大根 —— 50g
- 干ししいたけ（薄切り） —— 1/2カップ
- にんじん —— 1/4本
- 油揚げ —— 1枚
- だし汁 —— 2カップ
- 調味料A
  - 酒 —— 大さじ2
  - みりん —— 大さじ2
  - しょうゆ —— 大さじ1 1/2

作り方

1. 割干し大根は4cm長さに切り、しいたけとともにさっと水洗いする。

2. にんじんは3〜4cm長さの細切りにする。油揚げは熱湯を回しかけて油抜きし、縦半分に切って細切りにする。

3. 調理鍋にだし汁、1の乾物と2のにんじんを入れて強火にかけ、煮立ってきたら調味料Aの材料を入れて味を調える。

4. 3に2の油揚げを加えて一混ぜし、軽く煮立つ火加減にして5分ほど煮る。

5. 4にふたをし、保温容器に入れて15分ほど保温する。

切干し大根の種類

市販の切干し大根には、おなじみの細切りをはじめ、写真手前左の太い割干し、輪切りにしたものなど、数多くの種類が出回っています。用途によって使い分けると、料理のレパートリーが増えます。

加熱 **2**分 ▶ 保温調理 **10**分

"す"がたたず、火加減のこつも不要
失敗なく、誰にでもできるのがうれしい!

材料(4人分)
　卵——2個
　だし汁(冷ます)——1½カップ
　塩——小さじ⅔
　酒——小さじ1½
　みりん——小さじ1½
　三つ葉——少々

作り方

1　ボウルに卵をときほぐし、だし汁を少しずつ加えてよく混ぜ合わせ、塩、酒、みりんで調味する。

2　1の卵液を一度こし、器に等分に注ぐ。

3　調理鍋に2を並べて器のふたをし、器の高さの半分まで湯を注いで、鍋のふたをして中火にかける。

4　3が沸騰してきたら軽く煮立つ火加減にし、2分蒸す。

5　4を保温容器に入れ、10分保温する。

6　器を取り出し、三つ葉を飾る。

シンプル茶碗蒸し

茶碗蒸しを上手に作るこつは、はじめ強火、その後弱火の火加減とタイミング。初心者にとっては失敗の多い一品です。保温調理ならこついらず、気負うことなく作れます。鶏肉やえびなどの具も入れてみましたが、具の周囲が均一に固まりにくいことから、いつしかきれいにできる、具なしのシンプルタイプを作るようになりました。汁物代りにどうぞ。

加熱 **10**分 ▶ 保温調理 **40**分

ふきこぼれと焦げつきの心配もなく
本格的なおかゆが手間なしでできます

中華がゆ

普通の鍋で煮ると30分もかかっていたおかゆが、保温調理なら火なしの40分。さらりとした本格がゆが、ほうっておいてもでき上がります。保温時間を1時間にすると、ややもったりとした仕上りに。時間はお好みで調整してください。

材料(4人分)
- 米 —— 1カップ
- 鶏スープ(p.31参照) —— 6カップ
- 塩 —— 少々
- 香菜、白身魚のでんぶ(市販品)、味つけザーサイ(市販品)、ピータン —— 各適宜

作り方

1 米は洗ってざるに上げ、水気をきる。

2 1の米を調理鍋に入れ、スープを注いで塩を加え、一混ぜして強火にかける。

3 2が煮立ってきたら軽く煮立つ火加減にし、10分ほど煮る。

4 3にふたをし、保温容器に入れて40分〜1時間ほど保温する。

5 器に盛りつけ、好みで香菜、でんぶ、ザーサイ、ピータンなどを添え、のせながらいただく。

玄米がゆ

作り方(4人分) 玄米ご飯茶碗2杯分(320g)は水をかけてほぐし、調理鍋に入れて水4カップを注ぐ。強火にかけ、煮立ってきたら軽く煮立つ火加減にし、5分ほど煮る。ふたをして保温容器に入れ、1時間30分〜2時間ほど保温する。器に盛りつけ、好みで梅干しなどをのせていただく。
＊2時間を過ぎると少しずつもったりとしてきて、4時間くらいでのり状になる。

アレンジ

鶏スープの作り方

アジア各地からやって来る観光客が、炊飯器と並んで買い求めるのが保温調理鍋とか。手羽先でスープを作ってみて、納得しました。すばらしい！　中国料理などに欠かせない鶏スープが、驚くほど簡単にできます。しかも火なしの保温調理は、夏でも暑くないのが魅力です。臭み消しにマイルドな万能ねぎを使っているのは、上海流。長ねぎの青い部分でもかまいませんが、その場合は量を控えめにします。

鶏手羽先を使って

スープをとった後、手羽先にもうまみが残るよう、湯から入れています。残った手羽先はほぐしてサラダやあえ物、スープの具などに使ってください。とったスープは塩がきいていないので、保存する場合は冷蔵庫で1～2日、冷凍もできます。

材料（約5カップ分）
鶏手羽先——8本(500g)
　塩——大さじ1
湯——5カップ
酒——大さじ2
昆布——3㎝長さ
万能ねぎ——2～3本
しょうが(薄切り)——2枚

作り方
1　ボウルに鶏肉を入れ、塩をふってよくもみ、水洗いする。
2　調理鍋に分量の湯を沸かして酒を加え、1の鶏肉を入れて昆布、万能ねぎとしょうがを加え、あればあく取りシート(p.9参照)をのせて、軽く煮立つ火加減にして10分ほどゆでる。

3　2のあく取りシートを取り除いてふたをし、保温容器に入れて1時間ほど保温する。
4　3の調理鍋を取り出し、キッチンペーパーを敷いたざるでこして、スープをとる。

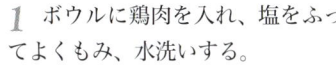

鶏手羽先の手指を使って

身がほとんどない手羽先の先、手指の部分だけがスープ用として売られていたので、ここでスープのとり方をご紹介しておきます。とった後の肉を食べることはないので、水から入れ、しっかりうまみを引き出します。あく取りシートを使わない場合は、出てくるあくを丁寧に取り除くことが大切です。

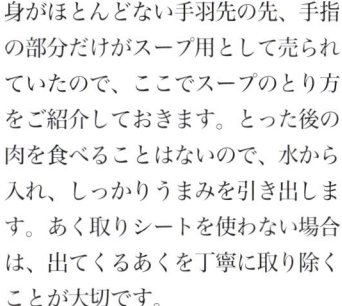

材料（約6カップ分）
鶏手羽先の手指——450～500g
　塩——大さじ1
水——6カップ
酒——大さじ2
昆布——3㎝長さ
万能ねぎ——2～3本
しょうが(薄切り)——2枚

作り方
1　ボウルに鶏肉を入れ、塩をふってよくもみ、水洗いする。
2　調理鍋に1の鶏肉を入れて分量の水を注ぎ、酒、昆布、万能ねぎ、しょうがを加えて、あればあく取りシート(p.9参照)をのせ、強火にかける。

3　2が煮立ってきたら軽く煮立つ火加減にし、10分ほどゆでる。
4　3のあく取りシートを取り除いてふたをし、保温容器に入れて2時間ほど保温する。

5　4の調理鍋を取り出し、キッチンペーパーを敷いたざるでこして、スープをとる。

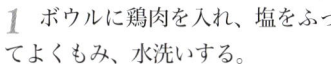

PART 3
まとめ作りのゆで肉で 日々のおかずをもっと手軽に

ゆで鶏

和洋中、いろいろな料理に幅広く使える鶏肉。お値段が手ごろなときにまとめ買いをし、ゆで鶏にしてスープも活用しています。保温調理鍋なら、加熱時間はたったの10分！ あとは保温容器に入れておくだけで、しっとりとしたゆで鶏ができ上がります。サラダやあえ物はもちろん、煮物、揚げ物、パスタやめんの具にしてもいいですね。

棒々鶏

ゆで鶏のから揚げ

タイ風チキンサラダ

ゆで鶏

このゆで鶏には、いくつかのおいしい工夫があります。その一つが、肉を水から入れるのではなく、沸騰した湯に入れていること。こうすると、肉にうまみが残ります。そして昆布を加えているのは、ゆで汁のスープが格段においしくなるからです。ここでは骨つきのぶつ切り肉を使いましたが、骨なしもも肉2枚(500g)の場合も、作り方は同じです。保存はゆで汁につけたまま冷蔵庫で2〜3日、冷凍もできます。

材料(作りやすい分量)
- 鶏骨つき肉(ぶつ切り)——7〜8個(600g)
- 塩——大さじ1
- 湯——5カップ
- 酒——大さじ2
- 昆布——3cm長さ
- 長ねぎの青い部分——1本分
- しょうが(薄切り)——2枚

作り方

1. ボウルに鶏肉を入れ、塩をふってよくもみ、水洗いする。
2. 調理鍋に分量の湯を沸かして酒を加え、1の鶏肉を入れて昆布、長ねぎとしょうがを加え、あればあく取りシート(p.9参照)をのせて、軽く煮立つ火加減にして10分ほどゆでる。
3. 2のあく取りシートを取り除いてふたをし、保温容器に入れて30分ほど保温する。
4. 3の調理鍋を取り出してふたをはずし、鶏肉はそのままゆで汁の中で冷ます。鶏肉を取り出し、ゆで汁はこしてスープとして使う。

棒々鶏

骨つき肉をはずしたので、見栄えはよくありませんが、お味は保証つき。骨つき肉ならではのうまみがあります。肉はゆでるとそのゆで汁にうまみが出ますが、冷めていくうちにまた肉に戻ります。ゆでたものはすぐ調理せずに、必ずゆで汁の中で冷ましてから使ってください。おつまみにも、ご飯のおかずにもなるよう、野菜でボリュームアップしました。

材料(4人分)
- ゆで鶏——4個
- きゅうり——2本
- 塩——適宜
- トマト——1個
- たれ
  - 練りごま——大さじ2
  - 酢——大さじ1½
  - しょうゆ——大さじ1½
  - 長ねぎ(みじん切り)——大さじ1
  - しょうが(みじん切り)——大さじ1
  - 赤とうがらし(みじん切り)——1本分

作り方

1. ゆで鶏は皮をはずし、皮だけ細く切る。骨つきの肉は上から軽くすりこぎなどでたたいて身がはずれやすいようにし、食べやすい大きさに裂く。
2. きゅうりは塩でこすって水洗いし、ところどころ皮をむく。縦半分に切ってすりこぎで軽くたたき、3〜4cm長さに切る。トマトはへたを取ってくし形に切る。
3. たれの材料はよく混ぜ合わせる。
4. 器に1の鶏肉と皮、2の野菜を盛り合わせ、3のたれを鶏肉の上にかける。

ゆで鶏のから揚げ

余分な脂が抜けて、さっぱりと仕上がる大人向けのから揚げ。火通りの心配がいらないのも、初心者にはうれしいことです。下味については、生肉と違って入りにくいので、最低でも10分、冷蔵庫で半日くらいおいてもかまいません。お弁当のおかずにするときは、夜に下ごしらえを済ませておけば、朝は揚げるだけで手間なしです。

材料（4人分）
- ゆで鶏 —— 7〜8個
- 下味
  - しょうゆ —— 大さじ1
  - 酒 —— 大さじ1
  - 塩 —— 小さじ1/4
  - にんにく（すりおろし） —— 小さじ1
  - こしょう —— 少々
- 片栗粉 —— 適宜
- 揚げ油 —— 適宜
- 花椒塩（ホワジャオイエン） —— 適宜

＊花椒塩は中国実山椒をからいりしてから粉状にすりつぶし、塩と混ぜたもの。

作り方

1. ゆで鶏は汁気をよくふき取る。ボウルに下味の材料を混ぜ合わせ、ゆで鶏を入れてむらなくからめ、途中上下を返して10分以上おく。
2. 揚げ油を170℃に熱し、1のゆで鶏に片栗粉を薄くまぶして入れ、表面がきつね色になるまで2〜3分揚げる。
3. 器に盛りつけ、花椒塩を添えて、つけながらいただく。

タイ風チキンサラダ

ナンプラーとレモンをベースにした、ちょっとアジア風のエスニックサラダ。若い姪や甥に人気です。彼らが来るときはゆで鶏のスープも使って、台湾風の汁ビーフンを、時にはそうめんで無国籍風に作ったりもしています。タイ産ナンプラーは秋田の"しょっつる"に似た味ですから、いろいろな料理に使ってみてはいかがでしょう。

材料（4人分）
- ゆで鶏 —— 4個
- 春雨（緑豆） —— 30g
- きくらげ —— 大さじ1 1/2
- 干しえび —— 大さじ2
- 酒 —— 大さじ2
- 水菜 —— 1/2束
- 香菜 —— 2〜3本
- にんにく —— 2かけ
- 赤とうがらし —— 2本
- ごま油 —— 大さじ2
- 調味料A
  - ナンプラー —— 大さじ1 1/2〜2
  - レモン汁、または酢 —— 大さじ2
  - 砂糖 —— 小さじ1/2
- こしょう —— 少々

作り方

1. ゆで鶏は皮をはずし、皮だけ細く切る。骨つきの肉は上から軽くすりこぎなどでたたいて身がはずれやすいようにし、食べやすい大きさにほぐす。
2. 春雨は熱湯に5分ほどつけてもどし、水にとってざく切りにし、水気をしっかりきる。きくらげも熱湯に5分ほどつけてもどし、水にとって石づきを取り、食べやすい大きさにちぎる。
3. 干しえびはさっと洗って酒につけ、15分おいてやわらかくもどす。つけた酒は使うのでとっておく。
4. 水菜は4cm長さに、香菜は2cm長さに切る。
5. にんにくは輪切りにして中の芯を取り除き、赤とうがらしは水でもどして種を取り、斜め切りにする。
6. ボウルに1の鶏肉と皮、2の春雨ときくらげ、4の水菜と香菜を入れる。
7. フライパンにごま油と5のにんにくを入れてゆっくり炒め、にんにくがきつね色になったら取り出す。そこに赤とうがらしと3のえびを入れてさっと炒め、調味料Aとえびをもどした酒を加える。
8. 7が煮立ったらこしょうを加え、火を止めて6に回しかけ、手早く全体を混ぜ合わせる。器に盛りつけ、7のにんにくを散らす。

ゆで豚

大きな塊肉をゆでるのに、加熱する時間はたったの10分。あとは保温容器に入れておくだけで、2時間後にはでき上り！忙しい主婦にとって、夢のようなおまかせクッキングです。よく若い方たちにおすすめするのが、連休前のゆで豚作り。これさえあれば、料理に慣れないご主人や子どもたちも、休日の食事を自分で作って楽しめます。

簡単春巻き

ゆで豚のにんにくみそ漬け　　ゆで豚のチーズかつ

ゆで豚と高菜のチャーハン

ゆで豚

豚肉を買うときは、大きさが同じくらいのものを2本買うか、または800gの塊を買って半分に切ります。2本ゆでるのは、1本でも材料と手間が同じにかかるからです。保存はゆで汁につけたまま冷蔵庫で2～3日。冷凍するときは適当な大きさに切り分けたほうが使いやすいです。ここでは肩ロースを使いましたが、健康が気になる方は脂身の少ないもも肉で作るといいでしょう。

材料(作りやすい分量)
- 豚肩ロース肉(塊)——800g
- 水——5カップ
- 酒——1/4カップ
- 昆布——5cm長さ
- 長ねぎの青い部分——1本分
- しょうが(薄切り)——4枚

作り方

1. 豚肉は2、3個に切り、それぞれたこ糸できっちりと巻いて形を整える。
2. 調理鍋に1の豚肉を並べ、分量の水を注いで酒、昆布、長ねぎ、しょうがを加え、あればあく取りシート(p.9参照)をのせて強火にかける(このとき肉がゆで汁から出るようなら、水を加えてつかるようにする)。
3. 2が煮立ったら軽く煮立つ火加減にし、10分ほどゆでる。
4. あく取りシートを取り除いてふたをし、保温容器に入れて2時間ほど保温する。
5. 4の調理鍋を取り出してふたをはずし、豚肉はそのままゆで汁の中で冷ます。豚肉を取り出し、ゆで汁はこしてスープとして使う。

簡単春巻き

ゆで豚さえあれば、市販の味つけザーサイと組み合わせて、揚げるだけの簡単春巻きが作れます。お弁当のおかずにするときは、ゆで豚に少しオイスターソースをからめてください。酢じょうゆをかけなくても、そのままおいしくいただける一品に変身します。

材料(10本分)
- ゆで豚——100g
- 長ねぎ——1/2本
- 味つけザーサイ
  (市販品。瓶詰)——40g
- のり
  - 小麦粉——大さじ1 1/2
  - 水——大さじ1
- 春巻きの皮(市販品)
  ——1袋(10枚)
- 揚げ油——適宜
- 練りがらし、酢じょうゆ
  ——各適宜

作り方

1. ゆで豚は細切りにする。長ねぎは縦半分に切り、斜め薄切りにする。ザーサイは大きいものは刻んで10等分にする。
2. のりの材料はなめらかに溶き混ぜる。
3. 春巻きの皮を広げ、1の具を等分にしてのせ、手前から包んで、巻終りを2ののりでとめる。
4. 揚げ油を170℃に熱して3を入れ、表面がきつね色になるまで2～3分揚げる。器に盛りつけ、好みでからしを溶いた酢じょうゆでいただく。

ゆで豚のにんにくみそ漬け

余分な脂が抜け、豚肉本来の味が楽しめるみそ漬け。おつまみにもなるよう、にんにく風味をきかせました。いただく分だけ切り分け、あとはラップフィルムで包んでおけば、1週間は冷蔵庫で保存できます。にんにくみそのほか、酢じょうゆ、煮豚(p.8参照)の煮汁、市販の中華ドレッシング、キムチのもとなどに漬け込んでも。

材料(作りやすい分量)
- ゆで豚 —— 300g
- にんにくみそ
  - みそ —— 60〜70g
  - にんにく(すりおろし) —— 小さじ1
- サラダ菜、大葉 —— 各適宜

作り方

1. ゆで豚はたこ糸をはずして汁気をふき取り、よく混ぜ合わせたにんにくみそを全体にぬってラップフィルムで包み、一晩おく。
2. 1の豚肉はみそをつけたまま薄切りにし、サラダ菜や大葉などで巻いていただく。

ゆで豚のチーズかつ

揚げたてを切ると、中からはチーズがとろ〜り。こってり派に人気のアレンジメニューです。チーズの代りに、マヨネーズであえたゆで卵をはさむのも好評。さっぱりといただきたいときは、梅肉と大葉をはさんで和風仕立てにするのがおすすめです。

材料(4人分)
- ゆで豚 —— 300g
- ピザ用チーズ —— 40g
- 衣
  - 小麦粉 —— 適宜
  - とき卵 —— 適宜
  - パン粉 —— 適宜
- 揚げ油 —— 適宜
- キャベツ、パセリ —— 各適宜

作り方

1. ゆで豚は4〜5mm厚さのところで1cmくらいを残して深い切込みを入れ、2枚を切り離して、切込みの入った肉を全部で12枚作る。
2. 1の豚肉の切込みを開いて、チーズを等分にしてはさみ、衣の材料を順につける。
3. 揚げ油を170℃に熱して2を入れ、表面がきつね色になるまで2〜3分揚げる。器に盛りつけ、せん切りにしたキャベツをつけ合わせて、パセリを飾る。

ゆで豚と高菜のチャーハン

ゆで豚の切れ端でよく作るのが、このお手軽チャーハン。家庭用のフライパンで調理するときは、2人分ずつ2回に分けたほうが失敗なくできます。高菜のほか、白菜のキムチ、たくあんのみじん切りなどともよく合います。

材料(4人分)
- ゆで豚 —— 100g
- 高菜漬け(市販品) —— 100g
- 赤とうがらし(小口切り) —— 1本分
- 長ねぎ(みじん切り) —— 大さじ2
- サラダ油、ごま油 —— 各大さじ1
- ご飯 —— 茶碗4杯分(800g)
- 酒 —— 大さじ1
- しょうゆ —— 大さじ1
- 白いりごま —— 大さじ4

作り方

1. ゆで豚は薄切りにしてから1〜1.5cmの角切りにする。高菜はさっと洗い、水気を絞って粗く刻む。
2. フライパンを熱してサラダ油、ごま油、赤とうがらし、長ねぎを入れて炒め、香りが出てきたら1の豚肉と高菜を入れてさっと炒める。
3. 2にご飯を加えてほぐすようにしながら炒め合わせ、ご飯が熱くなったら酒としょうゆで調味し、さらにごまを散らしてむらなく炒め合わせる。

塩ゆで豚

豚肉を塩漬けしてからゆでる、塩ゆで豚。肉に薄い塩味がつき、保存性も高まるのが特徴です。部位はバラ肉を使いましたが、脂身の少ないももでもOK。すり込む塩の量は2%と覚えておいてください。わが家では薄切りにしてベーコンエッグ風やゴーヤーチャンプルー、時には大根と一緒に煮たりして楽しんでいます。

塩ゆで豚とアンチョビのパスタ

塩ゆで豚ときゅうりの前菜

塩ゆで豚とキャベツのみそ炒め

塩ゆで豚

ゆで豚同様、肉を買うときは大きさが同じくらいのものを2本買うか、800gの塊を買って半分に切ります。2本ゆでるのは、1本でも材料と手間が同じにかかるからです。保存はゆで汁につけたまま冷蔵庫で4〜5日。冷凍にする場合は適当な大きさに切り分けたほうがいいでしょう。肉に塩味がついているといっても、塩辛いというほどではないので、普通に使えます。

材料（作りやすい分量）

- 豚バラ肉（塊）——800g
- 塩（肉の2％）——大さじ1強
- 水——5カップ
- 酒——1/4カップ
- 昆布——5cm長さ
- 長ねぎの青い部分——1本分
- しょうが（薄切り）——4枚

作り方

1. 豚肉は2、3個に切って表面に塩をすり込み、塩粒が完全に溶けたら一緒にラップフィルムで包み、冷蔵庫に入れて二晩おく。
2. 1の豚肉を水洗いして調理鍋に並べ、分量の水を注いで酒、昆布、長ねぎ、しょうがを加え、あればあく取りシート（p.9参照）をのせて強火にかける（このとき肉がゆで汁から出るようなら、水を加えてつかるようにする）。
3. 2が煮立ったら軽く煮立つ火加減にし、10分ほどゆでる。
4. あく取りシートを取り除いてふたをし、保温容器に入れて2時間ほど保温する。
5. 4の調理鍋を取り出してふたをはずし、豚肉はそのままゆで汁の中で冷ます。豚肉を取り出し、ゆで汁はこしてスープとして使う。

塩ゆで豚とアンチョビのパスタ

イタリアの生ベーコン、パンチェッタでよく作るパスタを、塩ゆで豚でアレンジしてみました。好みによっては、塩ゆで豚を炒めずに、かりかりに焼いて香ばしくするのもおすすめです。作り方は4人分で書きましたが、分量的には2人分ずつ2回に分けて作ったほうが、パスタがおいしく仕上がります。

材料（4人分）

- 塩ゆで豚——200g
- アンチョビ（缶詰）——4本
- キャベツ——4枚
- にんにく——2かけ
- 赤とうがらし——2本
- パスタ——320g
- オリーブ油——大さじ2
- 塩、こしょう——各適宜

作り方

1. 塩ゆで豚は5mm厚さくらいの短冊切りにし、アンチョビは細かく刻む。
2. キャベツは、葉は一口大にちぎり、芯は薄切りにする。にんにくは軽くたたき、赤とうがらしはもどして種を取る。
3. パスタはラベルの表記時間に従ってゆではじめる。
4. フライパンにオリーブ油と2のにんにく、赤とうがらしを入れて温め、香りが出てきたら1のアンチョビ、豚肉、2のキャベツを順に入れて炒め合わせる。
5. 4にゆで上がった3のパスタを加えて手早く炒め合わせ、塩、こしょうで味を調え、にんにくを取り除いて器に盛る。

塩ゆで豚ときゅうりの前菜

中国料理の前菜でおなじみの雲白肉(ウンパイロウ)です。肉を雲のように、薄く透けるくらいに切ることから由来しています。よく切れる包丁で、1枚ずつ丁寧に切ってください。写真の塩ゆで豚も、普通の万能包丁で切りました。きゅうりはピーラー(皮むき器)か、薄切り用のスライサーを使うと、誰にでも簡単に美しく切れます。

材料(4人分)
- 塩ゆで豚 —— 400g
- きゅうり —— 2本
  - 塩 —— 適宜
- たれ
  - しょうゆ —— 大さじ2
  - 酢 —— 大さじ1
  - 塩 —— 少々
  - ごま油 —— 大さじ1/2
  - 花椒粉(ホワジャオフェン)(好みで) —— 適宜

*花椒粉は中国実山椒をからいりしてから粉状にすりつぶしたもの。

作り方

1. 塩ゆで豚は長辺にそって薄切りにする。
2. きゅうりは塩でこすって水洗いし、両端を切り落とす。ピーラーで縦の薄切りにし、冷水に放してぱりっとさせ、水気をきる。
3. たれの材料は混ぜ合わせる。
4. 器に2のきゅうりを半分にたたんで放射状に盛りつけ、1の豚肉も同様にたたんできゅうりの内側に盛り、肉の上からたれを回しかける。

塩ゆで豚とキャベツのみそ炒め

中国惣菜で人気の回鍋肉(ホイコウロウ)も、塩ゆで豚を使えば手軽にできます。しかも野菜は電子レンジで下ごしらえをして、水っぽくならないように一工夫。

中国の調味料の豆板醬と甜麺醬は、味つけする前に必ず炒めてください。香りがよくなり、うまみも引き出されます。甜麺醬がないときは、八丁みそと砂糖、しょうゆ、酒、ごま油で代用するといいでしょう。

材料(4人分)
- 塩ゆで豚 —— 240g
- キャベツ —— 6枚
- ピーマン —— 3個
- 長ねぎ —— 1/2本
- にんにく —— 大1かけ
- サラダ油 —— 大さじ2〜3
- 豆板醬 —— 小さじ1 1/2〜2
- 調味料A
  - 酒 —— 大さじ2
  - しょうゆ —— 大さじ2
  - 砂糖 —— 小さじ1
- 甜麺醬(中国甘みそ) —— 大さじ2
- ごま油 —— 少々

作り方

1. 塩ゆで豚は薄切りにする。
2. キャベツは4cm角に切り、ピーマンはへたと種を取って一口大の乱切りにする。一緒にラップフィルムでふんわりと包み、電子レンジ(500W)で2分加熱し、上下を返してさらに2分加熱する。すぐにざるに広げ、余分な水気をとばす。
3. 長ねぎは5mm厚さの斜め切りにし、にんにくはみじん切りにする。
4. フライパンにサラダ油を熱して1の豚肉を炒め、肉を端に寄せて3のにんにくと豆板醬を入れて炒める。香りが出てきたら2の野菜と3の長ねぎを加え、肉とともに全体を炒め合わせる。
5. 4に調味料Aを加えて手早く炒め、さらにフライパンの縁を少しあけて甜麺醬を炒めて香りを出し、ごま油をふって、全体に甜麺醬がからまるように手早く炒め合わせる。

ゆで牛肉

時間をかけてゆっくりやわらかくする保温調理には、お値段手ごろな、かためのすね肉で充分。加えておいしいスープもとれるので、家計をあずかる主婦にとってはうれしいかぎりです。ゆで牛肉は使いみちも多く、和洋中はもちろん、エスニック料理にと大活躍します。ゆでることで余分な脂が抜けるせいか、どの料理も上品な味に仕上がります。

ゆで牛肉のイタリアンサラダ

ゆで牛肉のしょうが煮

ゆで牛肉とピーマンの
オイスターソース炒め

冷めん

ゆで牛肉

ゆで豚同様、肉を買うときは大きさが同じくらいのものを2本買うか、800gの塊を買って半分に切ります。2本ゆでるのは、1本でも材料と手間が同じにかかるからです。保存はゆで汁につけたまま冷蔵庫で2～3日、冷凍する場合は使いやすい大きさに切り分けるといいでしょう。スープにはおいしい牛肉のうまみが出ていますから、野菜や豆腐などの煮物に使うと和風のだし汁よりもこくがつきます。

材料（作りやすい分量）
- 牛すね肉(塊) —— 800g
- 水 —— 5カップ
- 酒 —— 1/4カップ
- 昆布 —— 5cm長さ
- 玉ねぎのくず —— 1/4個分
- 白粒こしょう —— 小さじ1

作り方

1. 牛肉は2、3個に切って調理鍋に並べ、分量の水を注いで酒、昆布、玉ねぎ、こしょうを加え、あればあく取りシート(p.9参照)をのせて強火にかける(このとき肉がゆで汁から出るようなら、水を加えてつかるようにする)。
2. 1が煮立ったら軽く煮立つ火加減にし、10分ほどゆでる。
3. あく取りシートを取り除いてふたをし、保温容器に入れて3時間ほど保温する。
4. 3の調理鍋を取り出してふたをはずし、牛肉はそのままゆで汁の中で冷ます。牛肉を取り出し、ゆで汁はこしてスープとして使う。

ゆで牛肉のイタリアンサラダ

牛肉なので、手に入るようでしたらぜひ赤ワインビネガーで作ってみてください。本場、イタリアの味に一歩近づきます。牛肉と野菜のバランスを変えれば、オードブルやメインにも変身。料理を作らずのんびりしたい日は、このサラダにパンとワインがあれば立派な食事になりますね。

材料（4人分）
- ゆで牛肉 —— 100g
- 赤ワインビネガー —— 少々
- ルッコラ、ベビーリーフ —— 各1パック
- 玉ねぎ —— 1/4個
- ドレッシング
  - 赤ワインビネガー —— 大さじ3
  - 塩 —— 小さじ1/4
  - 粗びき黒こしょう —— 少々
  - オリーブ油 —— 大さじ1 1/2

作り方

1. ゆで牛肉は食べやすい大きさの薄切りにし、ワインビネガーをふりかけて下味をつける。
2. ルッコラとベビーリーフは冷水に放してぱりっとさせ、水気をきって大きいものは食べやすくちぎる。
3. 玉ねぎはスライサーなどで薄切りにし、冷水に放して香味をやわらげ、水気をきる。
4. ボウルにドレッシングの材料を混ぜ合わせ、1～3の材料を入れてざっくりとあえて、器に盛りつける。

ゆで牛肉のしょうが煮

常備菜にもなる、おなじみのしょうが煮。細かくほぐして混ぜご飯にしたり、お茶漬けにのせてもよく合います。家ではゆで牛肉を作ったときに、すぐこのしょうが煮にし、それを冷凍保存しています。人に差し上げても、喜んでいただける一品です。

材料(4人分)
ゆで牛肉 —— 200g
しょうが —— 1かけ
煮汁
　牛肉のゆで汁 —— 1カップ
　酒 —— 大さじ1½
　みりん —— 大さじ1½
　しょうゆ —— 大さじ1½

作り方
1. ゆで牛肉は2cmくらいの角切りにし、しょうがは皮をむいて薄切りにする。
2. 鍋に煮汁の材料と1の牛肉、しょうがを入れて弱めの中火にかけ、紙ぶたをして汁気がほとんどなくなるまで煮る。

ゆで牛肉とピーマンのオイスターソース炒め

すね肉で炒め物が作れるとは、ゆで牛肉ならではの展開料理です。味つけは手軽なオイスターソースと和風のしょうゆ。忙しい朝に作るお弁当のおかずにもぴったりです。野菜はピーマンのほか、たけのこやきのこ類、じゃがいもなどを組み合わせてもおいしい炒め物になります。

材料(4人分)
ゆで牛肉 —— 150g
ピーマン —— 2個
赤ピーマン —— 1個
にんにく —— 1かけ
サラダ油 —— 大さじ1½
合せ調味料
　オイスターソース —— 大さじ⅔
　しょうゆ —— 大さじ½
　酒 —— 大さじ1
　こしょう —— 少々
ごま油 —— 少々

作り方
1. ゆで牛肉は細切りにする。ピーマンと赤ピーマンはへたと種を取り、縦の細切りにする。にんにくは軽くたたく。
2. フライパンにサラダ油を熱してにんにくをゆっくり炒め、香りが出てきたら1のピーマン2種を入れ、1分くらい炒めて八分どおり火を通す。
3. 2に1の牛肉を加えて手早く炒め合わせ、合せ調味料を回し入れてむらなくからめ、仕上げにごま油をふる。

冷めん

焼き肉の締めくくりとして人気の冷めんも、ゆで牛肉を作ればそのスープを使って簡単にできます。めんはそうめん、ヴェトナムのフォーなどで代用してもOK。スープがおいしいので、たまに作るとダイエットを忘れてスープまで完食してしまいます。一度お試しください。

材料(4人分)
ゆで牛肉 —— 120g
ゆで卵 —— 2個
白菜のキムチ(市販品) —— 100g
めんつゆ
　牛肉のゆで汁+水 —— 4カップ
　しょうゆ —— 小さじ1
　塩 —— 小さじ1強
冷めん —— 4玉
糸とうがらし(あれば) —— 適宜

作り方
1. ゆで牛肉は薄切りにし、ゆで卵は縦半分に切る。キムチは大きければ、食べやすく切る。
2. めんつゆの材料は鍋に入れて火にかけ、塩が溶けたら火を止めて冷やす。
3. 冷めんはたっぷりの熱湯で表記に従ってゆで、水にとってもみ洗いし、水気をきる。
4. 器に3のめんを盛りつけ、上に1の具を彩りよくのせて2のスープを注ぎ、あれば糸とうがらしを飾る。

PART 4
時間まかせの手抜きレシピで スープ生活、始めましょ

丸ごとトマトの和風スープ

生でいただくことが多いトマトも、最近の研究で加熱したほうがβカロテンの仲間、リコピンの吸収がアップすることがわかってきました。とろけるトマトのおいしさに、ぜひ挑戦してみてください。

材料（4人分）
- トマト —— 4個
- 昆布 —— 10cm長さのもの2枚
- だし汁 —— 4カップ
- みりん —— 大さじ1
- しょうゆ —— 大さじ2
- 黒粒こしょう —— 小さじ1

作り方

1. トマトはへたをくりぬき、煮たときに皮が自然とはがれるようにへたの部分に十字の切込みを入れる。
2. 調理鍋に昆布を敷き、1のトマトを並べてだし汁を注ぎ、みりん、しょうゆで調味してこしょうを加える。
3. 2を強火にかけ、煮立ってきたら軽く煮立つ火加減にして1分ほど煮る。
4. 3にふたをし、保温容器に入れて20分ほど保温する。
5. 昆布は半分に切って器に敷き、トマトは皮をはがして盛り、スープを注ぐ。

玉ねぎのスープ

煮くずれる心配のない保温調理だからこそできる、レストラン級の一皿。こつづらずの簡単料理です。まずは作って、自分でびっくりしてください。

材料(4人分)
- 玉ねぎ──2個
- 肉だね
  - 合いびき肉──100g
  - 玉ねぎ(みじん切り)──50g
  - パン粉──大さじ1
  - 水──大さじ1/2
  - 塩、こしょう──各少々
  - 粉チーズ──大さじ1
- オリーブ油──大さじ1/2
- 水──4カップ
- 固形スープの素──1個
- 塩──小さじ1/4
- 白粒こしょう──小さじ1/2

作り方

1. 玉ねぎはすわりがいいように上下を少し切り落とし、横半分に切って切り口を上にし、直径3cmくらいの穴ができるように中心部を取り除く。取り除いた玉ねぎ50gをみじん切りにして、肉だねに使う。

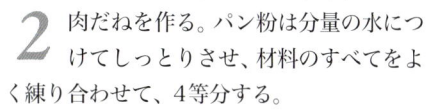

2. 肉だねを作る。パン粉は分量の水につけてしっとりさせ、材料のすべてをよく練り合わせて、4等分する。

3. 2の肉だねを丸めて1の玉ねぎにきっちりと詰め、はみ出した部分は平らにならす。

4. 調理鍋にオリーブ油を温めて3の玉ねぎを底を下にして並べ、1分ほど焼く。鍋を火からはずし、分量の水を注いでスープの素、塩、こしょうを入れ、あればあく取りシート(p.9参照)をのせて火に戻し、強火にする。

5. 4が煮立ってきたら軽く煮立つ火加減にし、5分ほど煮る。

6. あく取りシートを取り除いてふたをし、保温容器に入れて15分ほど保温する。

野菜たっぷりスープ

加熱時間はたったの5分で、ことこと煮込んだ野菜スープができる保温調理。このスープは野菜を皮ごと使って、栄養も丸ごといただいています。隠し味に加えているのが干ししいたけ。乾物ならではの自然なうまみが、野菜のおいしさをより引き立てます。組み合わせる野菜はあくの少ないものを選び、香味が強いものは控えめに使うのがポイントです。

材料（4人分）
- かぶ —— 4個
- にんじん —— 1本
- ズッキーニ —— 1本
- パプリカ（赤、黄）—— 各1個
- 干ししいたけ —— 大1枚
- にんにく（皮つき）—— 1かけ
- 水 —— 3カップ
- 固形スープの素 —— 2個
- 塩 —— 小さじ¼
- こしょう —— 少々

作り方

1. かぶは軸を少し残して切り、水につけて軸の間の汚れを竹串で洗い落とし、皮つきのまま縦四つ割りにする。にんじんとズッキーニは皮つきのまま2cm厚さの輪切りにする。パプリカはへたと種を取り、食べやすい大きさに切る。
2. 干ししいたけとにんにくは皮つきのまま、さっと水洗いする。
3. 調理鍋に分量の水、2のしいたけとにんにく、スープの素を入れて強火にかけ、煮立ってきたら1の野菜を入れて塩、こしょうで調味し、軽く煮立つ火加減にして5分ほど煮る。
4. 3にふたをし、保温容器に入れて40分ほど保温する。
5. 4の調理鍋を取り出してしいたけ（好みで）とにんにくを取り除き、器に盛りつける。

アレンジ

発芽玄米の野菜リゾット

作り方（作りやすい分量）　発芽玄米のご飯（1人分70g）をさっと水洗いしてほぐし、調理鍋に入れて野菜たっぷりスープ適宜を加え、5分ほど煮る。ふたをし、保温容器に入れて15分〜1時間保温する。

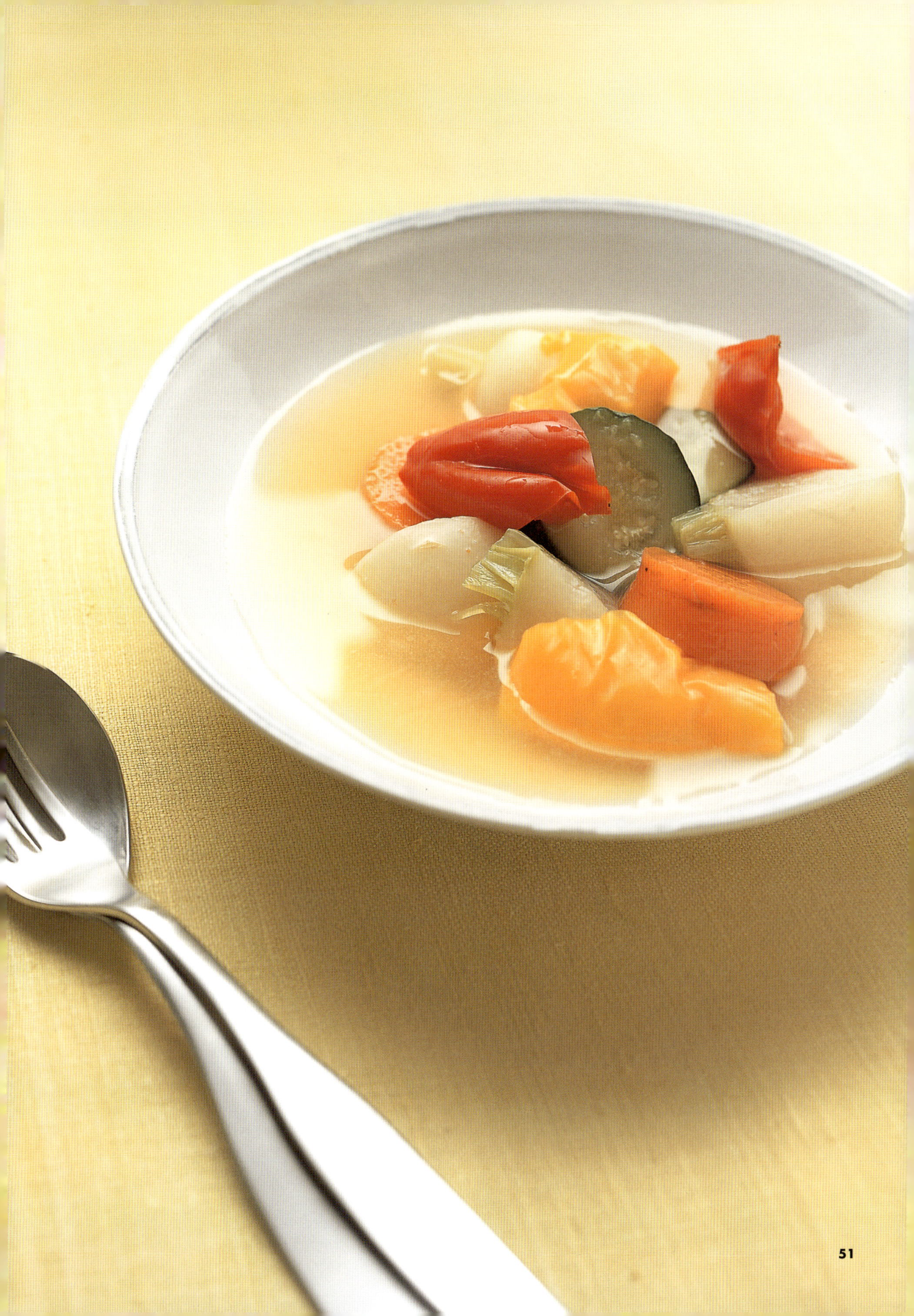

里芋のごま豆乳スープ

ぬめりがあるために、ゆで汁がふきこぼれやすい里芋。保温調理なら、心配ご無用です。15分ほどの保温で、やわらかく火が通ります。里芋のぬめり成分、ごまのセサミン、豆乳のイソフラボンなど、健康を気にする方におすすめしたい一皿です。

材料（4人分）

- 里芋 —— 大2個
- サラダ油 —— 小さじ2
- 水 —— 1½カップ
- 豆乳 —— 2カップ
- 練りごま —— 大さじ2
- 塩 —— 小さじ¼
- こしょう —— 少々

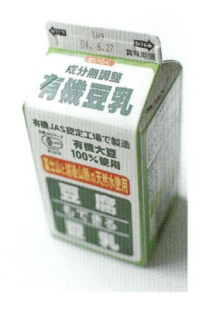

作り方

1. 里芋は皮をむいて塩少々（分量外）をふってよくもみ、水洗いしてから1cm厚さのいちょう切りにする。
2. 調理鍋にサラダ油を熱して1の里芋を炒め、油が回ったら分量の水を注いで強火にする。煮立ってきたら軽く煮立つ火加減にし、1分ほど煮る。
3. 2にふたをし、保温容器に入れて15分ほど保温する。
4. 3の調理鍋を取り出してふたを開け、粗熱を取って、里芋を浮き実用に少しとりわけておく。残った里芋は煮汁ごとフードプロセッサーにかけてピューレ状にする。
5. 4の里芋のピューレを調理鍋に戻し、豆乳と練りごまを加えて中火にかける。煮立ってきたら4の浮き実用の里芋を戻し、塩とこしょうで調味して、器に盛りつける。

豆乳

豆乳には大豆と水だけで作られた無調整豆乳と、飲料として飲みやすいように加工された調整豆乳があります。スープなど、料理には無調整タイプを使ってください。

白いんげん豆とキャベツのスープ

イタリアはトスカーナ地方の郷土料理によく使われる白いんげん豆。キャベツと一緒に煮るスープは、昔ながらの家庭の味です。白いんげん豆は保温調理鍋で手軽にゆでることができますから、多めに作り、冷凍保存して活用してください。

材料(4人分)
- 白いんげん豆(ゆでたもの) ── 1 1/4 カップ
- キャベツ ── 2枚(150g)
- にんにく ── 1かけ
- オリーブ油 ── 大さじ1
- 白いんげん豆のゆで汁 ── 1 1/2 カップ
- 水 ── 2カップ
- 固形スープの素(チキン) ── 1/2 個
- 塩 ── 小さじ 1/3
- こしょう ── 少々
- パルメザンチーズ(塊) ── 適宜

＊白いんげん豆のゆで方については p.67を参照してください。

作り方

1 キャベツは2cm角に切り、にんにくは軽くつぶす。

2 調理鍋に1のにんにくとオリーブ油を入れて温め、香りが出てきたらキャベツを入れてざっと炒める。

3 2に豆のゆで汁、分量の水とスープの素を加えて強火にし、煮立ってきたらさらに白いんげん豆を加えて塩、こしょうで味を調える。

4 3にふたをし、保温容器に入れて15分ほど保温する。

5 器に盛りつけ、パルメザンチーズを薄くスライスしてのせる。

アレンジ

スープのチーズ卵とじ

卵1個に対して粉チーズ大さじ1を加えて混ぜ合わせ、温めたスープに回し入れて卵とじにすると、また違った味わいが楽しめます。

けんちん汁

具だくさんの和風汁物も、保温調理鍋で簡単にできます。保温時間は20〜25分。ガスなどの熱源を占領しないので、この時間で並行してほかの料理が作れますね。台所に立つ時間がないときは、保温調理鍋が強い味方になります。

材料（4人分）
- 木綿豆腐——1丁
- 油揚げ——1枚
- 大根——3cm長さ
- にんじん——½本
- 長ねぎ——½本
- サラダ油、ごま油——各大さじ½
- だし汁——4カップ
- 酒——大さじ1
- しょうゆ——大さじ½
- 塩——小さじ1

作り方

1 油揚げは熱湯を回しかけて油抜きし、縦半分に切って短冊切りにする。大根とにんじんも油揚げと同じくらいの短冊切りにする。

2 長ねぎは焼き網で香ばしい焼き色をつけ、2cm長さに切る。

3 調理鍋にサラダ油とごま油を温めて豆腐を丸ごと入れ、くずしながら4〜5分炒めて水気をとばす。

4 3に1の大根とにんじんを加えて炒め合わせ、だし汁と酒を注いで油揚げも加え、強火にする。

5 4が煮立ってきたらあくを取って、しょうゆと塩で調味し、2の焼きねぎを加える。

6 5にふたをし、保温容器に入れて20〜25分保温する。

豚汁

主菜があっさりしているときは、汁物にこくとボリュームをもたせて、献立のバランスをとりましょう。普通、豚汁を作るときはみそを2回に分けて加えますが、保温調理の場合は香りが逃げないので1回でOK。いろいろ試していくと、おいしい発見があります。

材料（4人分）

- 豚肉（こまぎれ）——150g
- 大根——5cm長さ
- にんじん——大1/2本
- 長ねぎ——1/2本
- こんにゃく——1/3枚
- サラダ油——大さじ1
- だし汁——4カップ
- みそ——60〜70g
- みりん——小さじ1
- 大根の葉（あれば）——適宜

作り方

1. 豚肉は食べやすい大きさに切る。大根は5mm厚さのいちょう切りにし、にんじんも同じ厚さの半月か、いちょう切りにする。長ねぎは2cmくらいのぶつ切りにする。
2. こんにゃくは下ゆでして水にとって冷まし、水気をきって小さめの一口大に手でちぎる。
3. 調理鍋を熱して2のこんにゃくをからいりし、水気がとんだらサラダ油を入れて大根とにんじんを炒め合わせる。
4. 3にだし汁を注いで強火にし、煮立ってきたら1の豚肉を加えてあくを取りながら1〜2分煮る。
5. 4にみそを溶き入れてみりんで調味し、最後に1の長ねぎを加える。
6. 5にふたをし、保温容器に入れて20〜25分保温する。
7. 器に盛りつけ、あれば大根の葉を塩ゆでにして刻んだものを飾る。

あさりとブロッコリーのスープ

このスープ、作り方は超簡単ですが、味わいはちょっと上級です。というのも、歯ごたえのあるあさりに、とろけるようにやわらかいブロッコリーの食感。そのブロッコリーにはあさりのうまみがじんわりしみ込んで、保温調理ならではの深みがあります。お試しを！

材料(4人分)

- あさり(殻つき)——200～250g
- ブロッコリー——1/2個
- しょうが——1かけ
- 水——3カップ
- サラダ油、ごま油——各大さじ1/2
- 鶏ガラスープの素(顆粒)——ふたつまみ
- 酒——大さじ1
- 塩——小さじ1/3

作り方

1. あさりは砂出しして、よくこすり洗いする。ブロッコリーは茎から小さめの房をはがすようにしてはずし、残った茎は小口切りにする。しょうがはせん切りにする。

2. 調理鍋に1のあさりと分量の水を入れて強火にかけ、あさりの口が開いたら火を止める。あさりを取り出し、残ったゆで汁はキッチンペーパーを敷いた万能こし器でこす。

3. 調理鍋をきれいにして油を熱し、1のブロッコリーを炒めて、全体に油が回ったら2のゆで汁を注ぎ、スープの素を加えて酒と塩で調味する。

4. 3が煮立ってきたら2のあさりを戻し入れ、ふたをして、保温容器に入れて15分ほど保温する。

5. 4の調理鍋を取り出し、1のしょうがを散らして一混ぜし、器に盛りつける。

たらとカリフラワーのクリームスープ

ぱさつきがちなたらがしっとり煮上がり、カリフラワーもやさしい食感に。加えて、煮ている間にふきこぼれやすい牛乳も、保温調理なら火加減の心配もなし。レシピに大きな違いはありませんが、食べるとわかる、おすすめのスープです。

材料(4人分)
- たら(甘塩)——2切れ
- 白ワイン——大さじ1½
- カリフラワー——½個
- 玉ねぎ——¼個
- バター——大さじ2
- 小麦粉——大さじ2
- 牛乳——3カップ
- 固形スープの素(チキン)——1個
- 塩、こしょう——各少々

作り方

1. たらは皮をむいて調理鍋に入れ、白ワインをふりかけてふたをし、弱めの中火で2〜3分蒸す。ふたを開けて冷まし、粗く身をほぐして、あれば骨を取り除く。

2. カリフラワーは茎から小さめの房を折るようにしてはずし、残った茎は薄切りにする。玉ねぎは薄切りにする。

3. 1の調理鍋をきれいにしてバターを温め、2の玉ねぎを炒めてしんなりさせ、小麦粉をふり入れて炒め合わせる。粉っぽさがなくなってきたら牛乳を注ぎ、スープの素、2のカリフラワーを加える。

4. 3が煮立ってきたら、1のたらを加えて1分ほど煮、味をみて塩、こしょうする。

5. 4にふたをし、保温容器に入れて30分ほど保温する。

鶏肉とじゃがいもの
カレーミルクスープ

カルシウム豊富な牛乳をそのまま飲むのが苦手、という方のために考えたカレー風味の一品。下でご紹介しているようにピューレ状のポタージュにすれば、歯の弱い方にも召し上がっていただけます。カレー味は子どもも大好きなので、三世代の食事にどうぞ。

材料（4人分）
- 鶏もも肉 —— 1枚
  - 塩、こしょう —— 各少々
  - 小麦粉 —— 少々
- じゃがいも —— 2個
- 玉ねぎ —— 1/2個
- バター —— 大さじ1
- カレー粉 —— 小さじ2
- 水 —— 1カップ
- 牛乳 —— 1・1/2カップ
- 固形スープの素(チキン) —— 1個
- 塩 —— 小さじ1/4
- こしょう —— 少々

作り方

1. 鶏肉は2cm角くらいに切り、塩、こしょうして小麦粉を薄くまぶす。じゃがいもは2cmくらいの角切りにし、玉ねぎはみじん切りにする。
2. 調理鍋にバターを温めて1の玉ねぎを炒め、しんなりしてきたらじゃがいもと鶏肉を加えて炒め合わせ、肉の色が変わってきたらカレー粉をふり入れて全体を炒める。
3. 2に分量の水と牛乳を注いでスープの素を加え、煮立ってきたら塩、こしょうして、軽く煮立つ火加減で2分ほど煮る。
4. 3にふたをし、保温容器に入れて15分ほど保温する。

アレンジ

チキン風味のカレーポタージュ

鶏肉などをかみ切る力が弱ってきた方には、ミキサーに入れてピューレ状にするとポタージュになります。ほどよく温めて器に盛り、パセリのみじん切りをふっても。

材料(4人分)

- 牛肉(カレー用)——200g
- 大根——250g
- 湯——4カップ
- 酒——大さじ1
- 塩——少々
- ごま油——小さじ2
- たれ
  - しょうゆ——小さじ1
  - 塩——少々
  - 一味とうがらし——少々
  - 長ねぎ(みじん切り)——大さじ1
  - にんにく(すりおろし)——小さじ1/3
  - 白すりごま——小さじ2

作り方

1. 大根は食べやすい大きさの色紙切りにする。
2. 調理鍋に分量の湯を沸かして酒と塩で調味し、牛肉と1の大根を入れて、あればあく取りシート(p.9参照)をのせ、軽く煮立つ火加減で5分ほど煮る。
3. あく取りシートを取り除いてふたをし、保温容器に入れて30分ほど保温する。
4. 3のふたを開けて肉に竹串がすーっと刺さるようなら、肉を取り出して食べやすい大きさに裂き、ごま油をよくからめて、たれの材料をもみ込む。
5. 器に大根とともにスープを注ぎ入れ、4の牛肉をのせる。

アレンジ

牛肉と大根のピリ辛スープ

肉は大きな塊ばかりでなく、切ってあるカレー用などを使ってもスープがとれ、だしいらず、手間いらずの一品が作れます。ゆでた牛肉にたれをもみ込んで具にするのは韓国流。肉も野菜もスープもおいしくいただける、すぐれた料理法です。

ピリ辛そうめん

スープは好みでしょうゆ、塩、こしょうで味を調え、ゆでたそうめんにかけます。ゆでた牛肉を薄切りにして盛りつけ、白菜のキムチ(市販品)を添えて、万能ねぎの小口切りを散らしていただきます。

温かい野菜のポタージュ

野菜がしっとりと煮上がる保温調理。
煮ている間の水分の蒸発が少ないので、初心者でも味が決まりやすいのが特徴です。

カリフラワー

材料(4人分)
カリフラワー小1個　玉ねぎ1/4個　じゃがいも1/3個　バター大さじ2　水2カップ　固形スープの素(チキン)1個　牛乳1カップ　塩小さじ1/2　こしょう少々

作り方

1. カリフラワーは小房に分け、茎は薄切りにする。玉ねぎは薄切りに、じゃがいもは薄いいちょう切りにする。
2. 調理鍋にバターをとかして玉ねぎを炒め、しんなりしてきたらカリフラワーとじゃがいもを加えてさらに炒める。
3. じゃがいもが透き通ってきたら分量の水を注ぎ、スープの素を加えて強火にする。
4. 3が煮立ってきたら軽く煮立つ火加減にし、2分ほど煮る。
5. 4にふたをし、保温容器に入れて10分ほど保温する。
6. 5をフードプロセッサーに入れ、牛乳を加えてなめらかなピューレ状にする。
7. 6を再び調理鍋に戻し、火にかけて温め、塩とこしょうで味を調える。

＊ミキサーにかける場合は、煮た野菜の粗熱を取り、半量ずつ攪拌します。

ほうれん草

材料(4人分)
ほうれん草小1束(180g)　玉ねぎ1/2個　じゃがいも1/5個　バター大さじ2　水2 1/2カップ　固形スープの素1個　塩小さじ1/2弱　こしょう少々

作り方
ほうれん草はゆでて水気を絞り、ざく切りにして、あとは上記のカリフラワーを参考に同様に作る。牛乳は入れない。

にんじん

材料(4人分)
にんじん1本　玉ねぎ1/4個　じゃがいも1/3個　バター大さじ2　水2カップ　固形スープの素(チキン)1個　牛乳1カップ　塩小さじ1/2弱　こしょう少々

作り方
にんじんは薄いいちょう切りにし、あとは左記のカリフラワーを参考に同様に作る。

生しいたけ

材料(4人分)
生しいたけ8〜9枚(150g)　長ねぎ1/2本　じゃがいも1/3個　にんにく(みじん切り)小さじ1　ローリエ1/3枚　オリーブ油大さじ1　バター大さじ1 1/2　水2カップ　固形スープの素1個　牛乳2/3カップ　生クリーム1/3カップ　塩小さじ1/2弱　こしょう少々

作り方

1. しいたけは石づきを取り、軸を切り離してそれぞれ薄切りにする。長ねぎは小口切りに、じゃがいもは薄いいちょう切りにする。
2. 調理鍋に長ねぎ、にんにく、ローリエ、オリーブ油とバターを入れて炒め、香りが出てきたらじゃがいもを加えてよく炒め、さらにしいたけを加えて炒め合わせる。
3. しいたけがしんなりしてきたら分量の水を注ぎ、スープの素を加えて強火にする。
4. 3が煮立ってきたら軽く煮立つ火加減にし、2分ほど煮る。
5. 4にふたをし、保温容器に入れて10分ほど保温する。
6. ローリエを取り除き、フードプロセッサーに入れて牛乳と生クリームを加え、なめらかなピューレ状にする。
7. 6を再び調理鍋に戻し、火にかけて温め、塩とこしょうで味を調える。

＊ミキサーにかける場合は、煮た野菜の粗熱を取り、半量ずつ攪拌します。

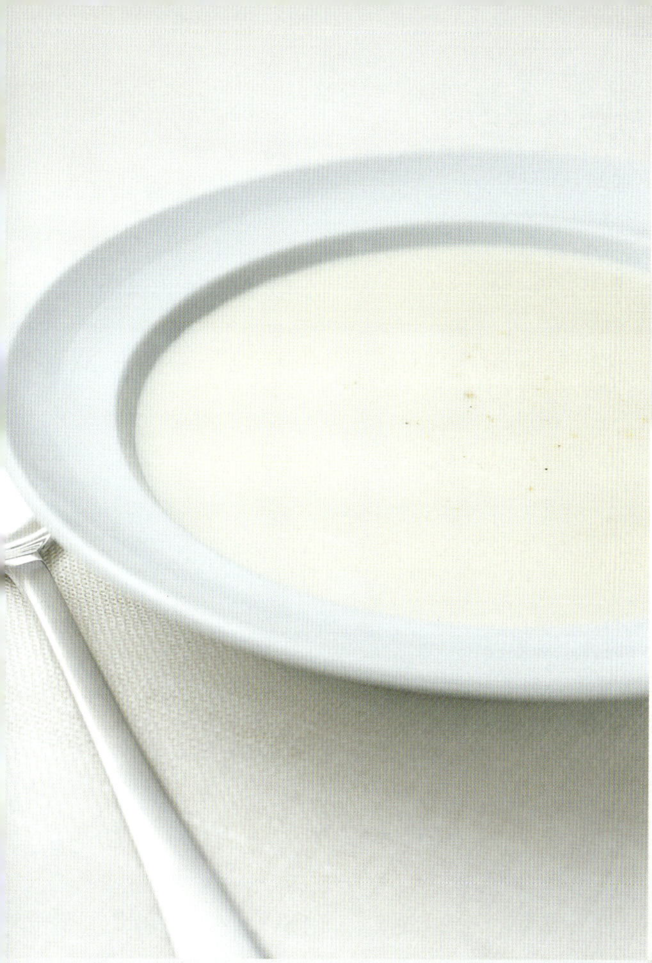
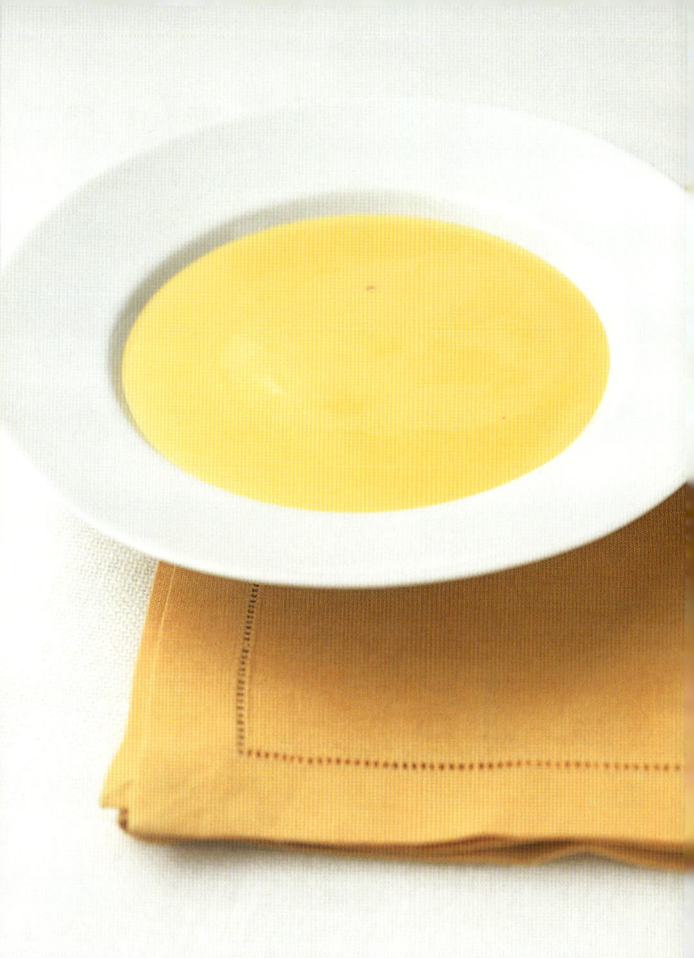
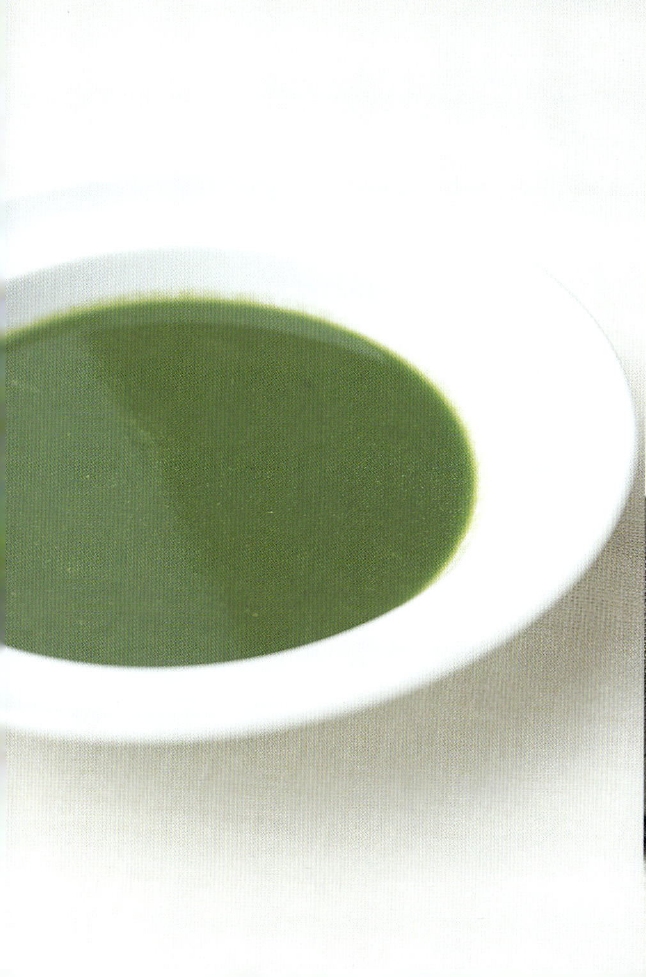
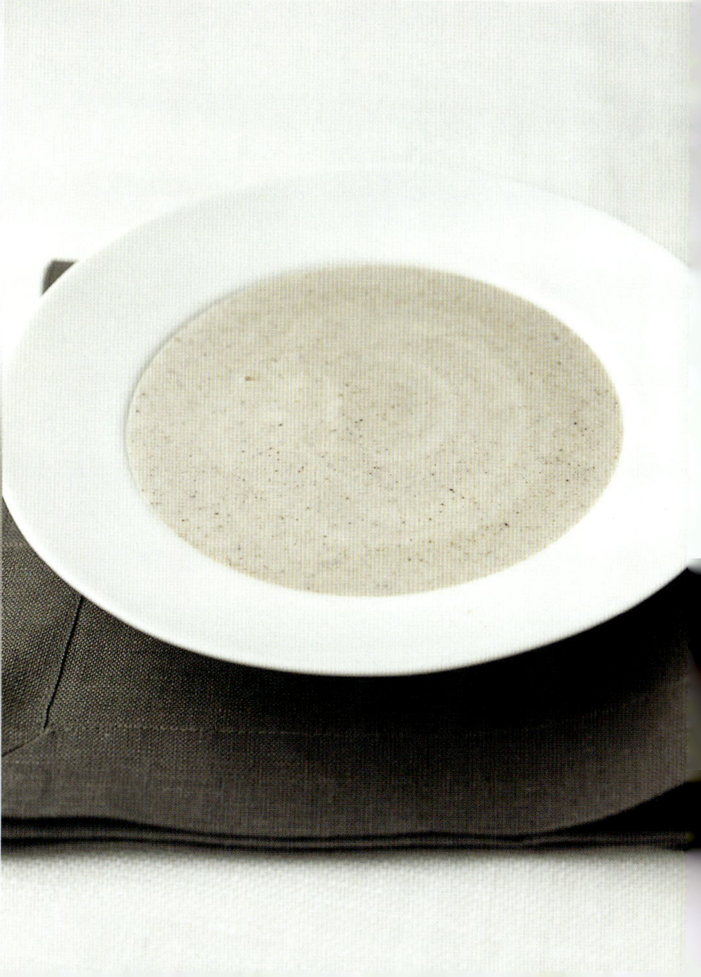

冷たい野菜のポタージュ

暑い日にことこと煮る手間のいらない保温調理で、気軽にスープを作りましょう。
疲れたときのやさしい栄養補給にもぴったりです。

かぼちゃ

材料（4人分）
かぼちゃ250g 長ねぎ1/3本 バター、サラダ油各大さじ1 水1・1/2カップ 固形スープの素1個 牛乳1/2カップ 塩、こしょう各少々

作り方

1. かぼちゃは種とわたを取り、ところどころ皮をむいて薄切りにする。長ねぎは小口切りにする。
2. 調理鍋にバターとサラダ油を温めて長ねぎを炒め、しんなりしてきたらかぼちゃを加えてさらに炒める。
3. かぼちゃ全体が透き通ってきたら分量の水を注ぎ、スープの素を加えて強火にする。
4. 3が煮立ってきたら軽く煮立つ火加減にし、2分ほど煮る。
5. 4にふたをし、保温容器に入れて10分ほど保温する。
6. 5をフードプロセッサーに入れてなめらかなピューレ状にし、粗熱が取れたら冷蔵庫に入れてよく冷やす。
7. 6に牛乳を加えて溶きのばし、塩とこしょうで味を調える。

＊ミキサーにかける場合は、煮た野菜の粗熱を取ってからかけます。

とうもろこし

材料（4人分）
とうもろこしの実300g 玉ねぎ1/2個 バター、サラダ油各大さじ1 水1・1/2カップ 固形スープの素（チキン）1個 ローリエ1/3枚 牛乳1/2カップ 生クリーム1/4カップ 塩、こしょう各少々

作り方

右記のグリーンピースを参考に、ローリエは煮るときに加え、フードプロセッサーにかける前に取り出して、同様に作る。

じゃがいも

材料（4人分）
じゃがいも大1個 玉ねぎ1/4個 長ねぎ1/2本 セロリ1/3本 にんにく（みじん切り）小さじ1 バター、サラダ油各大さじ1 水1カップ 固形スープの素（チキン）1個 牛乳1カップ 生クリーム1/4カップ 塩、こしょう各少々

作り方

1. じゃがいもは薄いいちょう切りにし、玉ねぎは薄切り、長ねぎは小口切り、セロリは薄切りにする。
2. 調理鍋でにんにくをバターとサラダ油で炒めて香りを出し、玉ねぎ、長ねぎ、セロリを炒めて、しんなりしてきたらじゃがいもを加えてよく炒める。
3. じゃがいも全体が透き通ってきたら分量の水を注ぎ、スープの素を加えて強火にする。
4. あとは左記のかぼちゃを参考にし、牛乳とともに生クリームも加えて同様に作る。

グリーンピース

材料（4人分）
グリーンピース（さやなし）200g 玉ねぎ1/2個 バター、サラダ油各大さじ1 水1・1/2カップ 固形スープの素（チキン）1個 牛乳1カップ 生クリーム1/4カップ 塩、こしょう各少々

作り方

1. 玉ねぎは薄切りにする。
2. 調理鍋にバターとサラダ油を温めて玉ねぎを炒め、しんなりしてきたらグリーンピースを加えてさらに炒める。
3. グリーンピースに火が通ってきたら分量の水を注ぎ、スープの素を加えて強火にする。
4. あとは上記のかぼちゃを参考にし、牛乳とともに生クリームも加えて同様に作る。

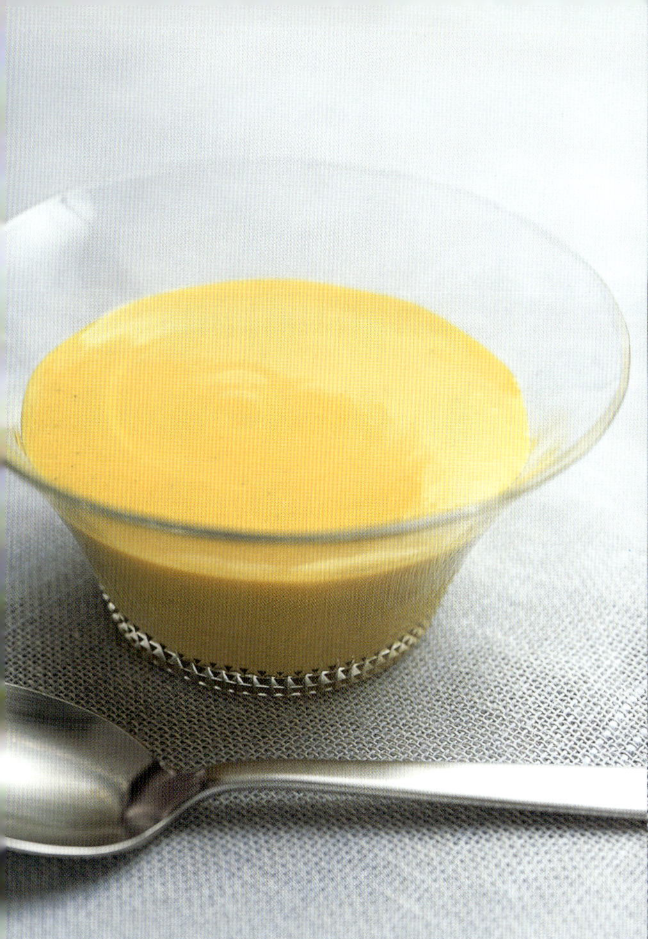
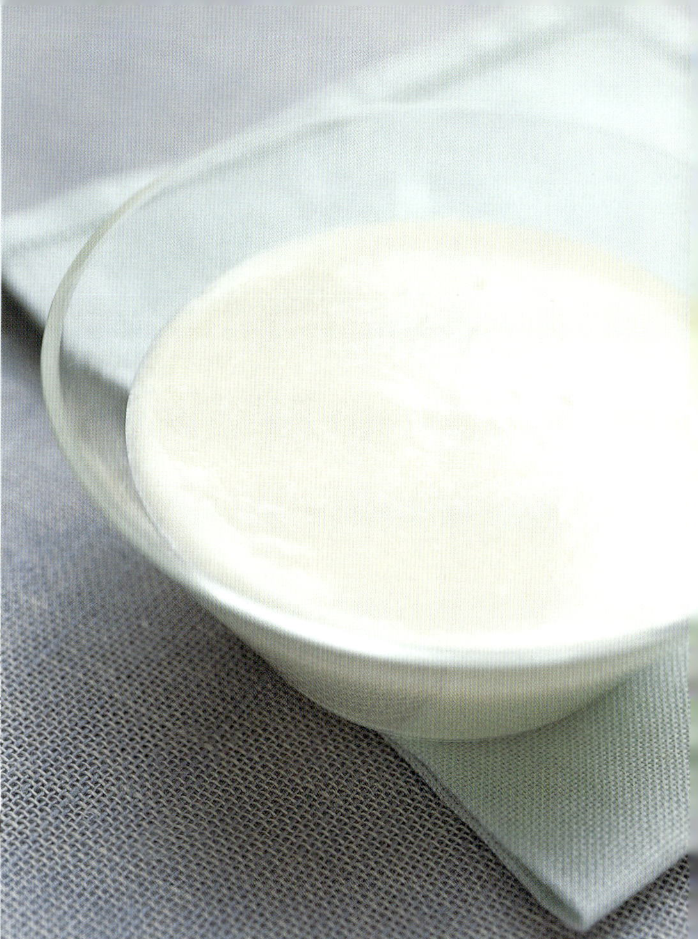
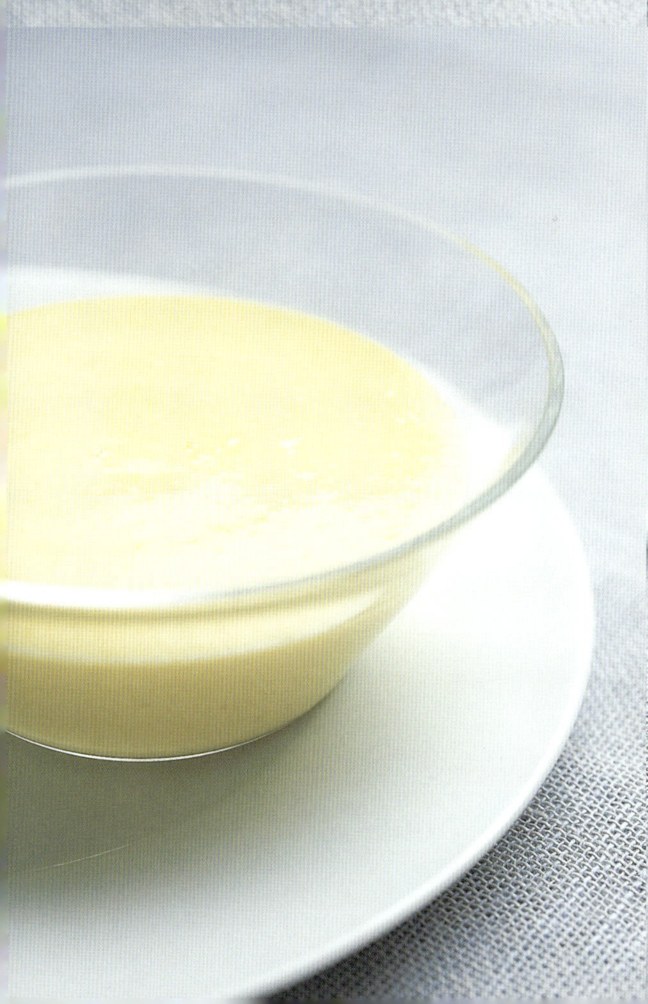
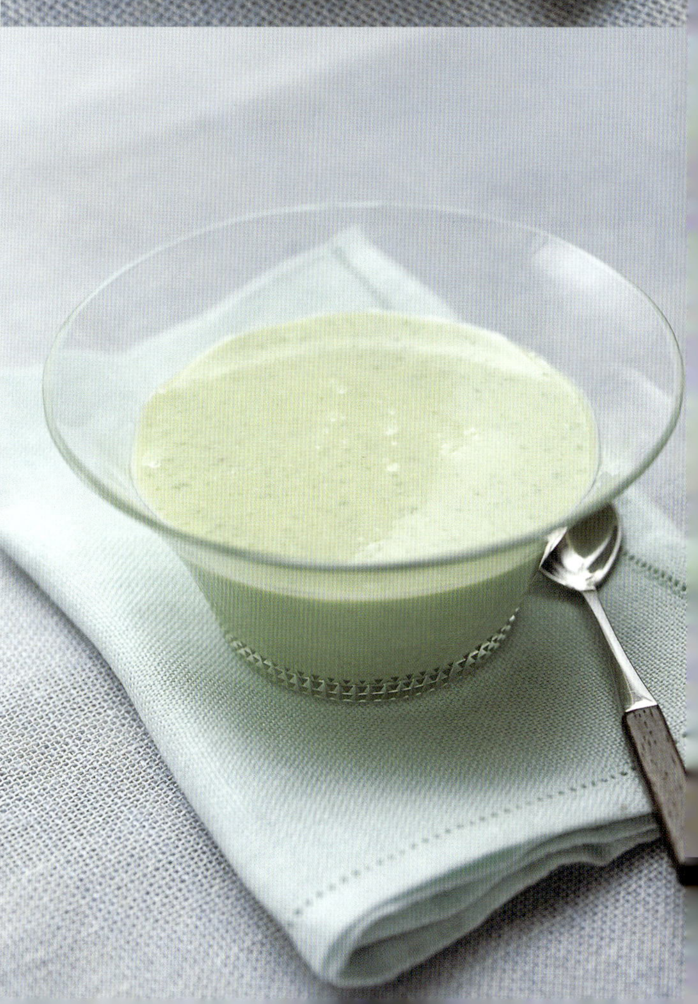

PART 5
健康食材の豆と乾物は 手間をかけずにのんびり調理

ぶどう豆

ことこと時間をかけて煮含めていた豆料理、これこそ保温調理鍋にまかせましょう。火元の心配が不要で、煮くずれなどの失敗もなし！　大豆をゆでるのも手間なしですから、ぜひ作ってみてください。大豆はコレステロール値を下げるレシチン、女性ホルモンに似た働きをするイソフラボンなど、注目の栄養素が豊富です。

材料（4人分）
大豆（ゆでたもの）——2½カップ
昆布（煮物用）——5×10cmのもの1枚
大豆のゆで汁、または水——¾カップ
砂糖——½カップ強
しょうゆ——大さじ1½
塩——小さじ⅓
＊大豆のゆで方についてはp.65を参照してください。

作り方

1　昆布は分量のゆで汁（冷めたもの）に10分ほどつけてもどし、はさみで小さめの短冊切りにする。

2　調理鍋に大豆を入れて1の昆布とゆで汁を加え、砂糖も加えて中火にかける。

3　2が煮立ってきたら軽く煮立つ火加減にし、5分ほど煮る。そこにしょうゆと塩を加えて全体を混ぜ合わせ、さらに1分ほど煮る。

4　3にふたをし、保温容器に入れて1時間ほど保温する。

大豆と手羽中の煮物

甘い煮豆が苦手という家庭におすすめしたいのが、ボリュームおかずのこの一品。大豆や干ししいたけに鶏肉のうまみがじっくりしみて、子どもも喜ぶ味になっています。不足しがちな食物繊維もたっぷり。

材料（4人分）
- 大豆（ゆでたもの）——2½カップ
- 鶏手羽中——8本
  - しょうゆ——大さじ1½
- 干ししいたけ——小8〜10枚
- しょうが——1かけ
- 長ねぎの青い部分——1本分
- サラダ油——小さじ2
- 大豆のゆで汁、または水——1½カップ
- 調味料A
  - 砂糖——大さじ1
  - 酒——大さじ2
  - しょうゆ——大さじ2

＊大豆のゆで方については下記を参照してください。

作り方

1. 鶏肉はしょうゆ大さじ1½を回しかけ、よくもみ込んで下味をつける。
2. しいたけは軸を取り除いて水洗いし、しょうがはつぶしてひびを入れる。
3. 調理鍋にサラダ油を熱して1の鶏肉を表を下にして入れ、両面を色よく焼きつけて火を止める。
4. 3の鍋の余分な油をふき取り、大豆のゆで汁を注いで、調味料Aの材料、大豆、2のしいたけとしょうが、長ねぎを加えて落しぶたをし、強火にかける。
5. 4が煮立ってきたら軽く煮立つ火加減にし、5分ほど煮る。
6. 5にふたをし、保温容器に入れて1時間ほど保温する。
7. 6の調理鍋を取り出して落しぶたをはずし、再び火にかけて汁気がほとんどなくなるまで7〜8分煮る。

大豆のゆで方

作り方（作りやすい分量）　大豆2カップ（約300g）はさっと水洗いし、調理鍋に入れて水6カップを注ぎ、一晩おいてふっくらもどす。調理鍋をそのまま強火にかけ、煮立ってきたら出てくる泡を取り、軽く煮立つ火加減にして10分ほどゆでる。ふたをし、保温容器に入れて1時間〜1時間30分保温する。つぶしてみて、かたいようなら保温時間をさらにのばす。
＊ゆで上がった大豆は約5カップになる。
＊冷凍する場合は、ゆで汁につけたまま小分けにすると使いやすい。

打ち豆と刻み昆布の煮物

同じ大豆でありながら、こちらはもどす手間のいらない打ち豆。ご存じでしたか？ 丸大豆に比べて消化もよく、箸でつかみやすいので、三世代のおかずにぴったりです。保温時間の15分はやや歯ごたえの残る煮上りです。やわらかめが好きな方は30分にするといいでしょう。

材料（4人分）
- 打ち豆（乾燥）——1カップ
- 刻み昆布（p.74参照）——15g
- にんじん——1/3本
- サラダ油——小さじ2
- だし汁——1カップ
- 調味料A
  - 砂糖——大さじ1
  - 酒——大さじ1
  - しょうゆ——大さじ1 1/2

作り方

1. 打ち豆は水洗いし、昆布は食べやすい長さに切ってさっと水洗いする。にんじんは4cm長さの細切りにする。
2. 調理鍋にサラダ油を熱して1のにんじんを炒め、油が回ったら打ち豆と昆布を加えて炒め合わせる。
3. 2にだし汁を注いで中火にし、煮立ったら調味料Aで味を調えて1分ほど煮る。
4. 3にふたをし、保温容器に入れて15分ほど保温する。

打ち豆

水につけてやわらかくした大豆を打ちつぶして乾燥させたもので、丸大豆よりも早く煮えるのが特徴です。一晩水につけてもどす必要がないので、手軽に料理に使えます。

白いんげん豆のツナサラダ

食の欧米化によって、不足しがちになっている食物繊維。豊富に含む豆料理で、体調を整えましょう。ゆでた白いんげん豆は冷凍保存もできますから、解凍して使えば、みんなの好きなサラダも簡単に作れます。

材料(4人分)
　白いんげん豆(ゆでたて)
　　── 1¼カップ
　白ワインビネガー ── 大さじ1
　塩、こしょう ── 各少々
ツナ(缶詰) ── 1缶(80g)
マヨネーズ ── 大さじ2
練りわさび ── 少々
玉ねぎ(みじん切り) ── 大さじ2
セロリ(みじん切り) ── 大さじ4
パセリ(みじん切り) ── 適宜
＊白いんげん豆のゆで方については下記を参照してください。

作り方

1 白いんげん豆は熱いうちにワインビネガー、塩、こしょうをふりかけて下味をつけ、そのまま冷めるまでおく。

2 ツナは缶汁をきり、粗くほぐす。

3 ボウルにマヨネーズとわさびを入れてよく混ぜ合わせ、1の豆を入れてむらなくあえ、さらにツナ、玉ねぎ、セロリを加えて全体を混ぜる。器に盛りつけ、パセリを散らす。

白いんげん豆のゆで方

作り方(作りやすい分量)　白いんげん豆2カップ(約300g)はさっと水洗いし、調理鍋に入れて水6カップを注ぎ、一晩おいてふっくらもどす。調理鍋をそのまま強火にかけ、煮立ってきたら軽く煮立つ火加減にして10分ほどゆでる。ふたをし、保温容器に入れて1時間ほど保温する。つぶしてみて、かたいようなら重曹小さじ⅓を溶かし混ぜ、さらに10〜20分保温するといい。
＊ゆで上がった白いんげん豆は約5カップになる。
＊冷凍する場合は、ゆで汁につけたまま小分けにすると使いやすい。

ミックスビーンズのマリネ

素材の味が素直に出る、保温調理鍋クッキング。普通の鍋でゆでるより、豆も、さやいんげんも、甘くなります。その風味を生かすため、マリネ液の酸味と辛みは控えめに。冷蔵庫で3〜4日は保存できます。

材料(4人分)
- 白いんげん豆(ゆでたて) —— 1¼カップ
- 金時豆(ゆでたて) —— 1¼カップ
- マリネ液
  - 白ワインビネガー —— 大さじ2
  - にんにく(すりおろし) —— 小さじ½
  - 粒マスタード —— 小さじ1
  - 塩 —— 小さじ¼
  - こしょう —— 少々
  - オリーブ油 —— 大さじ1
- さやいんげん —— 50g
- 玉ねぎ(みじん切り) —— 大さじ3

＊白いんげん豆のゆで方についてはp.67を参照してください。
＊金時豆のゆで方については下記を参照してください。

作り方

1. ボウルにマリネ液の材料を混ぜ合わせ、白いんげん豆と金時豆を熱いうちに入れて全体をむらなくあえ、味がなじむまでしばらくおく。
2. 調理鍋に2カップの湯を沸かして塩少々(分量外)を加え、へたを落としたさやいんげんを入れて1分ほどゆで、ふたをして保温容器に入れて2分ほど保温する。
3. 2のさやいんげんを冷水にとって水気をきり、3〜4㎝長さの斜め切りにする。
4. いただく直前に、1のボウルに3のさやいんげんと玉ねぎを加えてざっと混ぜ合わせ、器に盛りつける。

金時豆のゆで方

作り方(作りやすい分量)　金時豆2カップ(約300g)はさっと水洗いし、調理鍋に入れて水6カップを注ぎ、一晩おいてふっくらもどす。調理鍋をそのまま強火にかけ、煮立ってきたら出てくる泡を取り、軽く煮立つ火加減にして10分ほどゆでる。ふたをし、保温容器に入れて50〜60分保温する。つぶしてみて、かたいようなら保温時間をさらにのばす。
＊ゆで上がった金時豆は約5カップになる。
＊冷凍する場合は、ゆで汁につけたまま小分けにすると使いやすい。

レンズ豆のベーコン煮

もどさずに、すぐそのまま煮えるレンズ豆。保温調理している間に、ベーコンや野菜のうまみがじっくりしみ込んで、とびっきりの豆料理ができ上がります。休日のブランチや、夜食メニューにいかがでしょう。

材料(4人分)
- レンズ豆(乾燥)——1カップ
- ベーコン(塊)——100g
- 玉ねぎ——小2個(300g)
- セロリ——1本(150g)
- にんにく(皮つき)——1かけ
- オリーブ油——大さじ1
- 水——2カップ
- 固形スープの素(チキン)——1/2個
- 塩、こしょう——各少々
- セロリの葉(あれば)——適宜

作り方

1. レンズ豆はさっと水洗いする。
2. ベーコンは厚めの短冊切りにし、玉ねぎとセロリは粗みじん切りにする。にんにくは皮つきのまま使うのでさっと洗う。
3. 調理鍋にオリーブ油を温めて玉ねぎとセロリを炒め、透き通ってきたらベーコンと1の豆を加えて炒め合わせる。
4. 3の鍋に分量の水を注ぎ、スープの素をくずし入れてにんにくも加え、煮立ってきたら軽く煮立つ火加減にして3分ほど煮る。
5. 4にふたをし、保温容器に入れて20分ほど保温する。
6. 5の調理鍋を取り出して塩、こしょうで味を調え、あればセロリの葉をちぎって散らしてざっと混ぜ、器に盛りつける。

レンズ豆

平たい形がレンズに似ていることから、この名があります。皮なしのオレンジ色のほか、皮つきの赤茶色、緑色などがあります。どれを使っても、保温時間はほぼ同じです。

ひじきの煮物

もどさずに、煮ながらやわらかく煮含めていくひじきの煮物。もどし汁と一緒に捨てていた栄養も、保温調理ですべていただきます。

材料（4人分）
　　芽ひじき──30g
　　煮汁
　　┌ だし汁──1⅓カップ
　　│ 砂糖──大さじ1½
　　│ しょうゆ──大さじ1½
　　│ 酒──大さじ1
　　└ みりん──大さじ1

作り方
1　ひじきはたっぷりの水の中で洗い、ざるに上げる。
2　調理鍋に1のひじきと煮汁の材料を入れて強火にかけ、煮立ってきたら軽く煮立つ火加減にして5分ほど煮る。
3　2にふたをし、保温容器に入れて30分ほど保温する。

▼

アレンジ

ひじきの納豆あえ

ひじきにはカルシウム、鉄、マグネシウムなどが豊富、加えて納豆は注目の健康食品。朝食メニューにおすすめです。

材料（4人分）
　　ひじきの煮物（上記参照）
　　　　──大さじ4
　　納豆──2パック
　　溶きがらし──適宜

作り方
納豆はよくかき混ぜて粘りを出し、ひじきの煮物を加えてざっとあえる。器に盛って溶きがらしを添える。

切干し大根の煮物

生の大根に比べ、カリウム、カルシウム、ビタミンB_1などが増えている切干し大根。食物繊維の豊富さでもトップクラスです。

材料(4人分)
 切干し大根——50g
 煮汁
  ┌だし汁——1 2/3カップ
  │酒——大さじ2
  │しょうゆ——大さじ1
  └塩——小さじ1/4

作り方

1. 切干し大根は食べやすい長さに切り、たっぷりの水の中でもみ洗いして、水気をしっかり絞る。
2. 調理鍋に煮汁の材料を入れて、1の切干し大根をほぐしながら加え、強火にかける。煮立ってきたら軽く煮立つ火加減にし、2分ほど煮る。
3. 2にふたをし、保温容器に入れて30分ほど保温する。

▼

アレンジ
切干し大根のサラダ

しょうゆ味の煮物と酢味の新しい組合せ。ご飯のおかずにするときは酢を控え、パンのときは酢をきかせると美味です。

材料(4人分)
 切干し大根の煮物(上記参照)
  ——2/3カップ
 水菜——4株
 赤ピーマン——1個
 酢——大さじ2 2/3
 ごま油——大さじ1 1/2

作り方

1. 切干し大根の煮物は軽く汁気をきる。
2. 水菜は根元を切り落として食べやすい長さにちぎり、ピーマンはへたと種を取ってせん切りにする。
3. ボウルに1の切干し大根と2の野菜を入れ、酢とごま油を回しかけてざっとあえる。

豚肉の昆布巻き

刻み昆布とつきこんにゃくのピリ辛煮

高野豆腐の肉詰め煮

干ししいたけの含め煮

かんぴょうの含め煮

豚肉の昆布巻き

保温調理だからこそ実現した、簡単昆布巻き。かんぴょうもゆでずに、よくもむだけでそのまま使います。保温時間の30分を過ぎたら、調理鍋を取り出して放置し、いただくときに煮つめればOK。お弁当のおかずにもいいですね。

材料(4人分)

昆布(日高)
　——5×13cmのもの8枚
水——3カップ
かんぴょう
　——15cm長さのもの8本
豚ロース肉(薄切り)
　——300g
酒——1/4カップ
調味料A
　┌ 砂糖——大さじ1 1/2
　│ みりん——大さじ1
　└ しょうゆ——大さじ1 1/2

作り方

1. 昆布は分量の水に15分ほどつけてやわらかくし、もどし汁は使うのでとっておく。
2. かんぴょうは水でさっとぬらして塩少々(材料外)をふり、よくもんで繊維をほぐしてから、塩気を水洗いする。
3. 昆布は2枚1組みにして横長に長辺を少し重ねて並べ、豚肉を全体に広げて、手前からきっちりと巻き、2か所を2のかんぴょうで二重巻きにして結ぶ。同じようにして4本の昆布巻きを作る。
4. 調理鍋に3の昆布巻きを結び目を下にして並べ、1のもどし汁2 1/2カップを注いで酒を加え、強火にかける。
5. 4が煮立ったら軽く煮立つ火加減にし、5分ほど煮る。そこに調味料Aを加え、あればあく取りシート(p.9参照)をのせて、さらに5分ほど煮る。
6. あく取りシートを取り除いてふたをし、保温容器に入れて30分ほど保温する。
7. 6の調理鍋を取り出してふたを取り、再び中火にかけて、汁気がほとんどなくなるまで煮つめる。粗熱を取り、結び目を中央にして半分に切り、器に盛りつける。

日高昆布

北海道は日高地方でとれることからその名がある昆布で、三石昆布とも呼ばれています。やわらかく、煮上がりが早いので、煮物に向いています。

刻み昆布とつきこんにゃくのピリ辛煮

普通の鍋で作った炒め煮と一味違うのは、刻み昆布のふっくらとしたおいしさ。保温調理の力です。冷蔵庫で3〜4日は保存できますから、多めに作って常備菜に。お弁当のすきまおかずにも最適です。

材料(4人分)

刻み昆布——20g
つきこんにゃく——1袋(200g)
赤とうがらし——2本
ごま油——小さじ2
煮汁
　┌ だし汁——2/3カップ
　│ 酒——大さじ2
　│ みりん——大さじ1/2
　└ しょうゆ——大さじ1強

作り方

1. 刻み昆布とつきこんにゃくは食べやすい長さに切って、さっと水洗いする。
2. 赤とうがらしは水につけてもどし、中の種をふり出してぶつ切りにする。
3. 調理鍋を中火にかけ、1のこんにゃくを入れてからいりし、ごま油を加えてよく炒める。
4. 3に1の昆布と2の赤とうがらしを加えて炒め合わせ、煮汁の材料を加えて一度煮立たせる。
5. 4にふたをし、保温容器に入れて15分ほど保温する。
6. 5の調理鍋を取り出してふたを取り、再び中火にかけて、汁気がほとんどなくなるまで炒め煮にする。

刻み昆布

干した昆布を塩水や酢水につけてもどし、細切りにしたものです。ここでは乾燥品を使いましたが、生タイプも売られています。すぐにやわらかくなり、火の通りが早いのが特徴です。

高野豆腐の肉詰め煮

乾物が主菜になる、人気のボリュームおかず。肉のうまみが高野豆腐にたっぷりしみ込んで、こくのある味わいに仕上がっています。野菜不足のときは、長ねぎやししとう、きのこ類などを残った煮汁で煮て、つけ合わせても。

材料(4人分)
- 高野豆腐 —— 4枚
- 肉だね
  - 豚ひき肉 —— 120g
  - きくらげ —— 大さじ1/2
  - 長ねぎ(みじん切り) —— 大さじ2
  - しょうが汁 —— 大さじ1/2
  - 酒 —— 大さじ1/2
  - 塩 —— 小さじ1/3
- 片栗粉 —— 大さじ1/2
- 煮汁
  - だし汁 —— 3カップ
  - 砂糖 —— 大さじ2
  - しょうゆ —— 大さじ1 1/2
  - 塩 —— 小さじ3/4

作り方

1. 高野豆腐はぬるま湯につけてもどし、両手ではさんで水気を絞る。斜め半分に切り、切り口に深い切込みを入れて袋状にする。
2. きくらげは熱湯を回しかけて5分ほどおき、さっと水洗いしてから石づきを取ってせん切りにする。
3. ボウルに2のきくらげを入れ、残りの肉だねの材料をすべて入れてよく練り合わせ、最後に片栗粉を加えて全体をむらなく混ぜる。
4. 3の肉だねを8等分し、1の高野豆腐に詰めて、詰め口の表面に片栗粉(分量外)をはたく。
5. 調理鍋に煮汁の材料を入れて煮立て、4を重ならないように並べて、軽く煮立つ火加減にして5分ほど煮る。
6. 5にふたをし、保温容器に入れて20分ほど保温する。

高野豆腐
豆腐を凍らせてから乾燥させたもので、凍り豆腐、しみ豆腐とも呼ばれています。最近はもどさずにすぐ使えるタイプもありますが、ここでは普通にもどすタイプを使っています。

干ししいたけの含め煮

もどさずに、そのまま煮ることができる保温調理。手間なしと、乾物ならではの滋味を実感する一品です。冷凍もできますから、すしやめんの具に活用してください。

材料(作りやすい分量)
- 干ししいたけ —— 5〜6枚
- 水 —— 2カップ
- 砂糖 —— 大さじ3
- 酒 —— 大さじ1
- みりん —— 大さじ1
- しょうゆ —— 大さじ2

作り方

1. しいたけは軸を折って取り除き、さっと水洗いする。
2. 調理鍋に1のしいたけを入れて分量の水を注ぎ、中火にかける。
3. 2が煮立ってきたら砂糖を加え、3分ほど煮る。
4. 3に酒とみりんを回し入れ、再び煮立ったところでしょうゆを加え、一煮する。
5. 4にふたをし、保温容器に入れて20分ほど保温する。
6. 5の調理鍋を取り出してふたを取り、再び中火にかけて汁気がほとんどなくなるまで煮つめる。

かんぴょうの含め煮

すしの具やあえ物にも合う、かんぴょうの煮物。1袋買ったら、残さずに保温調理してしまいましょう。冷凍しておけば、お弁当作りにも役立ちます。

材料(作りやすい分量)
- かんぴょう —— 1袋(30g)
- 水 —— 3/4カップ
- 砂糖 —— 大さじ1
- 酒 —— 大さじ1
- しょうゆ —— 大さじ1 1/2
- みりん —— 大さじ1/2

作り方

1. かんぴょうは水でさっとぬらして塩少々(材料外)をふり、よくもんで繊維をほぐしてから、塩気を水洗いする。調理鍋に入れ、水(分量外)をひたひたに注いで下ゆでをし、水気をきる。
2. 1のかんぴょうは食べやすい長さに切って、再び調理鍋に入れ、分量の水を注いで火にかける。
3. 2が煮立ってきたら砂糖と酒を回し入れ、5分ほど煮る。さらにしょうゆとみりんを加えて、2分ほど煮る。
4. 3にふたをし、保温容器に入れて20分ほど保温する。
5. 4の調理鍋を取り出してふたを取り、再び中火にかけて汁気がほとんどなくなるまで煮つめる。

干し貝柱ととうがんの煮物

干しえびとザーサイのひき肉蒸し

かんぴょうと長ねぎのスープ

するめと豚肉のスープ

干し貝柱ととうがんの煮物

とうがんは夏に収穫したものが冬まで貯蔵できることから「冬瓜」と書くウリ科の植物。淡泊な味わいとやさしい食感が好まれています。干した貝柱との組合せは、中国料理でもおなじみの"相性よし"の一品です。

干し貝柱
帆立貝、平ら貝、板屋貝などの貝柱をゆでてから乾燥させたものです。もどし汁にとてもいいだしが出ますが、高級食材なので、スープなどに使う場合には割れたもので充分です。

材料(4人分)
- 干し貝柱 —— 4個(25g)
- 水 —— 2カップ
- とうがん —— 1/4個(750g)
- 調味料A
  - 酒 —— 大さじ2
  - みりん —— 大さじ1 1/2
  - しょうゆ —— 小さじ1
  - 塩 —— 小さじ3/4
- 水溶き片栗粉
  - 片栗粉 —— 大さじ2
  - 水 —— 大さじ3
- しょうが(せん切り) —— 適宜

作り方
1. 干し貝柱はさっと水洗いして調理鍋に入れ、分量の水を注いで一晩おく。
2. とうがんは種とわたを取り除いて皮をむき、大きめの角切りにする。
3. 1の調理鍋を中火にかけて煮立ってきたら調味料Aで味を調え、2のとうがんを加える。再び煮立ってきたら軽く煮立つ火加減にし、5分ほど煮る。
4. 3にふたをし、保温容器に入れて20分保温する(とうがんの大きさによっては、さらに10〜20分保温する)。
5. 4の調理鍋を取り出して再び中火にかけ、煮立ってきたら水溶き片栗粉を回し入れてとろみをつけ、仕上げにしょうがを散らす。

干しえびとザーサイのひき肉蒸し

蒸し器を使わなくても、保温調理鍋で手軽に蒸し物が作れます。加えて、穏やかに熱を加えていくので、蒸上りも理想的。料理1年生にとっては、うれしいことばかりです。まずは、今晩のおかずにひき肉蒸しを作ってはいかがでしょう。

材料(4人分)
- 豚ひき肉 —— 300g
- 干しえび —— 大さじ1
  - 酒 —— 大さじ1
- 干ししいたけ —— 1枚
- 味つけザーサイ(市販品) —— 大さじ2
- ゆでたけのこ —— 40g
- 長ねぎ(みじん切り) —— 大さじ2
- 調味料A
  - しょうゆ —— 大さじ1
  - しょうが汁 —— 小さじ1
  - ごま油 —— 小さじ1
  - こしょう —— 少々
- 香菜 —— 適宜

作り方
1. 干しえびはさっと水洗いし、酒につけて15分ほどおく。干ししいたけはもどして軸を取り、みじん切りにする。ザーサイもみじん切りに、たけのこは粗みじん切りにする。
2. ボウルにひき肉、1のすべて(えびは酒ごと)、長ねぎと調味料Aを入れ、よく練り混ぜる。
3. 深めの器に2のたねを入れて表面を平らにならし、ラップフィルムをかけて、調理鍋に入れる。器の高さの半分まで湯を注ぎ、鍋のふたをして中火にかける。
4. 3が沸騰してきたら軽く煮立つ火加減にし、10分ほど蒸す。
5. 4を保温容器に入れ、40分ほど保温する。ふたを開けて竹串を刺してみて、澄んだ汁が出れば蒸上り。汁がにごっているようなら、保温時間をさらに延長する。
6. 器を取り出し、粗く刻んだ香菜をのせる。

干しえび
えびを素干し、または煮干しにしたもので、殻の有無、大きさ、産地など種類が多く出回っています。ここでは蒸上りをそのままいただくので、皮なしの、素干しタイプを使っています。

かんぴょうと長ねぎのスープ

のり巻きや酢の物にするくらいしか思いつかなかったかんぴょうが、おいしいスープの具になりました。保温調理鍋で作れば、かんぴょうも入れておくだけ。もどすことも、下ゆでも必要ありません。新しい使い方ですね。

材料(4人分)
かんぴょう —— 20g
長ねぎ —— 1本
ごま油、サラダ油
　　—— 各小さじ1
だし汁 —— 3カップ
調味料A
　┌ 酒 —— 大さじ1/2
　└ 塩 —— 小さじ1/2
調味料B
　┌ しょうゆ —— 小さじ1/2
　└ こしょう —— 少々

作り方
1. かんぴょうは水でさっとぬらして塩少々(分量外)をふり、よくもんで繊維をほぐしてから、塩気を水洗いする。12〜13cmに切り、それぞれ中央にゆるい結び目を作る。
2. 長ねぎは5cm長さの細切りにする。
3. 調理鍋にごま油とサラダ油を熱して2の長ねぎを炒め、しんなりしてきたらだし汁を注いで調味料Aと1のかんぴょうを入れ、強火にする。
4. 3が煮立ってきたらふたをし、保温容器に入れて1時間ほど保温する。
5. 4の調理鍋を取り出して再び強火にかけ、煮立ったら調味料Bで味を調えて、器に盛りつける。

かんぴょう
夕顔の果実を加工した食品で、食物繊維が豊富なことでも知られています。使い残しを長くおくと黄ばんでくるので、密閉して冷蔵、または冷凍保存すると長もちします。

するめと豚肉のスープ

祝い事によく使われていたするめも、最近ではすっかり見かけなくなりました。焼いてつまみにするのが定番ですが、おいしいだしが出るので、ぜひ汁物に挑戦を。こくのあるインスタントスープが簡単にできます。

材料(4人分)
するめの胴 —— 1枚(45g)
豚肉(こまぎれ) —— 150g
調味料A
　┌ 酒 —— 小さじ1・1/2
　├ しょうゆ —— 小さじ1・1/2
　└ 片栗粉 —— 小さじ1・1/2
水 —— 4カップ
酒 —— 大さじ1
ラー油 —— 適宜
万能ねぎ —— 適宜

作り方
1. するめは縦半分に切り、端からはさみで細く切込みを入れて、手で裂く。
2. 豚肉は食べやすい大きさに切り、調味料Aをもみ込んで下味をつける。
3. 調理鍋に1のするめを入れて分量の水を注ぎ、酒を加えて強火にかける。
4. 3が煮立ってきたら、2の豚肉をほぐしながら加える。
5. 4が再び煮立ってきたらふたをし、保温容器に入れて20分ほど保温する。
6. 5の調理鍋を取り出して再び強火にかけ、好みでラー油をたらして一混ぜし、器に盛りつけて万能ねぎの小口切りを散らす。

するめ
いかを開き、内臓を取り除いて、素干しにしたものです。よく表面に白い粉がふいていますが、これはいかに含まれるアミノ酸が出てきたものです。すぐに使わないときは、1枚ずつラップフィルムで包み、冷凍保存するといいでしょう。

PART 6
保温調理ならではの おいしい野菜料理

かぼちゃのサラダ

さつまいものレモン煮

里芋の煮物

アレンジ ▶

里芋の揚出し

しいたけの肉詰め煮

かぼちゃのサラダ

かぼちゃの自然な甘みが増す、保温調理クッキング。鍋でゆでていた方、電子レンジにかけていた方、ぜひ一度お試しを。味の違いが実感できます。ゆでたかぼちゃはサラダのほか、コロッケやスープなどにしても。

材料(4人分)
- かぼちゃ —— 1/4個(500g)
- 湯 —— 3カップ
- 調味料A
  - 酢 —— 大さじ1
  - 塩、こしょう —— 各少々
- ヨーグルトマヨネーズ
  - マヨネーズ —— 大さじ2
  - プレーンヨーグルト —— 大さじ2
  - 塩、こしょう —— 各少々
- 玉ねぎ(みじん切り) —— 大さじ1
- パセリ —— 適宜

作り方

1. かぼちゃは種とわたを取り、3cm角に切る。
2. 調理鍋に分量の湯を沸かして1のかぼちゃを入れ、軽く煮立つ火加減にして5分ほどゆでる。
3. 2にふたをし、保温容器に入れて10分保温する。
4. 3のかぼちゃをざるに上げて水気をきり、調味料Aをふりかけて下味をつけ、そのまま冷ます。
5. ボウルにヨーグルトマヨネーズの材料、玉ねぎ、葉を小さく摘んだパセリを入れ、よく混ぜ合わせて、4のかぼちゃを加えてざっとあえる。

さつまいものレモン煮

しっとりした煮上がりが好評の、いも類の煮物。保温容器に入れておくだけで、ことこと煮含めたプロ並みの煮物ができ上がります。しかも料理1年生が作っても、煮くずれの心配なし！なのがうれしいですね。

材料(4人分)
- さつまいも —— 大1本(380g)
- 煮汁
  - 水 —— 1 1/2カップ
  - 砂糖 —— 大さじ4
  - 塩 —— ひとつまみ
- 国産レモン(輪切り) —— 6〜7枚

作り方

1. さつまいもはよくこすり洗いし、皮つきのまま1cm厚さの輪切りにする。ボウルに入れ、切り口をさっと水洗いし、水気をきる。
2. 調理鍋に煮汁の材料を煮立てて1のさつまいもとレモンを入れ、軽く煮立つ火加減にして落しぶたをし、5〜6分煮る。
3. 2にふたをし、保温容器に入れて30分ほど保温する。

里芋の煮物

肉じゃがと並んでおふくろの味を代表する、里芋の煮物。保温調理鍋なら、誰が作っても美しく煮えます。写真の里芋は中くらいのサイズなので、保温時間を1時間にしましたが、これより小さめのときは30分くらいに加減してください。

材料（4人分）
- 里芋 —— 10個（700g）
- 煮汁
  - だし汁 —— 3カップ
  - 砂糖 —— 大さじ4
  - しょうゆ —— 大さじ2½
  - 塩 —— 小さじ⅓
- 水溶き片栗粉
  - 片栗粉 —— 小さじ2
  - 水 —— 大さじ1⅓

作り方

1. 里芋は皮をむき、塩少々（分量外）をふってよくもみ、水洗いする。調理鍋に入れてかぶるくらいの水を注ぎ、10分ほど下ゆでをして、ぬめりを水洗いする。
2. 調理鍋をきれいにして煮汁の材料を入れて煮立て、1の里芋を入れて軽く煮立つ火加減にし、落しぶたをして10分ほど煮る。
3. 2にふたをし、保温容器に入れて1時間ほど保温する。
4. 別鍋に3の里芋と煮汁1½カップを入れて再び煮立て、水溶き片栗粉を回し入れてとろみをつけ、器に盛りつける。

里芋の揚出し

保温調理鍋で煮た里芋は、味変りの一品として、揚出しにしてはいかがでしょう。残った煮汁もそのまま使え、盛りつけによっては、おもてなし用にも変身します。わが家では、煮物を作った翌日の残り料理としても人気があります。

作り方

里芋の煮物は粗熱を取り、片栗粉をまぶして、170℃の揚げ油でからりと揚げる。器に盛りつけ、里芋の煮汁を張って、万能ねぎの小口切りを混ぜた大根おろしを添える。

しいたけの肉詰め煮

野菜の肉詰め煮を作ったとき、たねがはがれてしまうこと、よくありませんか。接着剤の片栗粉をつけたにもかかわらず、はがれるのは、煮ているときの振動が原因です。静かにゆっくり煮たいものに、保温調理鍋はぴったりです。

材料（4人分）
- 生しいたけ —— 12枚
- 肉だね
  - 鶏ひき肉 —— 100g
  - ゆでたけのこ —— 40g
  - 片栗粉 —— 小さじ1½
  - 長ねぎ（みじん切り） —— 小さじ2
  - しょうが汁 —— 小さじ1
  - 酒 —— 小さじ1
  - しょうゆ —— 小さじ1
  - ごま油 —— 小さじ1
  - 塩 —— ひとつまみ
- 片栗粉 —— 適宜
- 煮汁
  - 水 —— 2カップ
  - 鶏ガラスープの素（顆粒） —— 小さじ2
  - 酒 —— 大さじ1
  - 塩 —— 小さじ⅔
- 長ねぎ（あれば）—— 適宜

作り方

1. しいたけは軸をはずして汚れを落とし、はずした軸は石づきを取ってみじん切りにする。
2. 肉だねを作る。たけのこはみじん切りにし、1の軸と合わせて片栗粉をふりかけ、全体にむらなくまぶす。
3. ボウルに2のたけのこ以外の肉だねの材料を入れて練り混ぜ、2も加えてよく混ぜ合わせる。
4. 1のしいたけのかさの内側に薄く片栗粉をふり、3の肉だねを等分して詰めて、たねの表面にも薄く片栗粉をふる。
5. 調理鍋に煮汁の材料を入れて煮立て、一度火を止めて4のしいたけをかさを下にして並べ、落しぶたをして軽く煮立つ火加減で5分ほど煮る。
6. 5にふたをし、保温容器に入れて20分ほど保温する。
7. 器に盛りつけ、あれば長ねぎのせん切りをのせる。

長ねぎのマリネ

白菜のベーコン煮

ふろふき大根

ゆでごぼうのサラダ

ゆでごぼうの肉巻き焼き

長ねぎのマリネ

長ねぎがおいしくなる冬場に、太めのものを選んでお試しください。甘みがぐんと増し、長ねぎとは思えないおしゃれで、おいしいオードブルになります。そのままフランスパンにのせたり、ソテーした厚切りハムのつけ合せにしても。

材料(4人分)
- 長ねぎ —— 2本(260g)
- 水 —— 2½カップ
- 塩 —— ふたつまみ
- マリネ液
  - 白ワインビネガー —— 大さじ2
  - 塩 —— 小さじ⅔
  - グリーンペッパー —— 小さじ2
  - オリーブ油 —— 大さじ6

作り方
1. 長ねぎは5〜6cm長さのぶつ切りにする。
2. 調理鍋に1の長ねぎを並べて分量の水を注ぎ、塩を加えて強火にかける。煮立ってきたら軽く煮立つ火加減にし、2分ほどゆでる。
3. 2にふたをし、保温容器に入れて20分保温する。
4. マリネ液の材料はよく混ぜ合わせて、バットに入れる。
5. 3の長ねぎはざるに上げて水気をきり、熱いうちにすぐに4のマリネ液につけて、ときどき上下を返しながら粗熱が取れるまでおき、いただくまで冷蔵庫で冷やす。

白菜のベーコン煮

本書で使っている保温調理鍋が小さめなので、かさのある白菜を煮るには、ちょっとテクニックが必要です。それでも白菜を見つけると作りたくなるのは、とろとろに煮えた白菜のおいしさが格別だからです。夜食メニューにもおすすめです。

材料(4人分)
- 白菜 —— 小½株(800g)
- ベーコン(薄切り) —— 10枚
- 湯 —— 4カップ
- スープの素(顆粒) —— 小さじ2
- 黒粒こしょう —— 小さじ½

作り方
1. 白菜は縦半分に切り、ベーコンは一枚を3等分に切って、白菜の間にベーコンを横長にはさむ。
2. 調理鍋に分量の湯を沸かしてスープの素を溶かし、1の白菜一つを鍋底の周囲にそわせるようにして入れ、残りの白菜は根元をしばらく煮て、やわらかく曲がるようになったら、既に入れてある白菜と交互になるように並べ、黒粒こしょうを入れて軽く煮立つ火加減で5分ほど煮る。
3. 2にふたをし、保温容器に入れて30分ほど保温する。
4. 3の調理鍋を取り出し、大きなスプーンで切り分けるようにしながら、器に盛りつける。

ふろふき大根

厚さによっては40〜50分かかるふろふき大根。保温調理鍋なら10分の加熱で、あとは保温容器が調理してくれます。しかも、煮くずれないので、面取りの必要もなし。冬大根のとろけるようなおいしさを味わってください。

材料(4人分)
- 大根 —— 12cm長さ(500g)
- 昆布 —— 10cm長さのもの2枚
- 水 —— 4カップ
- 酒 —— 大さじ1
- 練りみそ
  - 白みそ —— 100g
  - みりん —— 大さじ1
  - だし汁 —— 1/4カップ
- ゆずの皮(すりおろし) —— 適宜

作り方
1. 昆布は汚れを落として調理鍋に入れ、分量の水を注いで、酒を加える。
2. 大根は3cm厚さの輪切りにし、皮をむいて、片面に1cm深さの十字の切込みを入れる。
3. 1の鍋に2の大根を重ならないように並べて落しぶたをし、強火にかける。煮立ってきたら軽く煮立つ火加減にし、10分煮る。
4. 3にふたをし、保温容器に入れて2時間ほど保温する。
5. 小鍋に練りみその材料を入れて中火にかけ、木べらでかき混ぜながらとろりとさせる。
6. 器に4の昆布を半分に切って敷き、大根を盛りつけて、5の練りみそをかけ、ゆずの皮を散らす。

ゆでごぼうのサラダ

不足しがちな食物繊維を豊富に含むごぼうは、サラダ仕立てが人気です。ここではごま油の風味をきかせた中国風にしましたが、マヨネーズ味もよく合います。ごぼうが驚くほどやわらかくなるので、三世代のおかずに最適です。

材料(4人分)
- ごぼう —— 1/2本(75g)
- 水 —— 3カップ
- 大根 —— 100g
- きゅうり —— 1本
- ドレッシング
  - 酢 —— 大さじ1
  - しょうゆ —— 小さじ1
  - 練りがらし —— 小さじ1/2
  - 塩 —— 小さじ1/4
  - ごま油 —— 小さじ2

作り方
1. ごぼうはたわしで皮をこすり洗いし、鍋に入る長さに切りそろえる。
2. 調理鍋に分量の水と1のごぼうを入れて強火にかけ、煮立ってきたら軽く煮立つ火加減にして5分ほどゆでる。
3. 2にふたをし、保温容器に入れて15分ほど保温する(太さにもよるが、竹串を刺してみて、かたいようならさらに10分保温する)。
4. 3の調理鍋を取り出し、粗熱が取れるまでそのまま冷ます。ごぼうを取り出し、縦半分に切って3mm厚さの斜め切りにする。
5. 大根ときゅうりはスライサーなどで5〜6cm長さのせん切りにし、水に放してぱりっとさせ、水気をきる。
6. ボウルにドレッシングの材料を混ぜ合わせ、4のごぼうと5の野菜をあえて、器に盛る。

ゆでごぼうの肉巻き焼き

ごぼうの下ゆでをマスターしたら、次はアレンジ料理に挑戦しましょう。お弁当にもぴったりな肉巻き焼き。野菜嫌いの肉好きに、ぜひおすすめしたい一皿です。粉山椒の代りに、七味とうがらしをふっても。

材料(4人分)
- ごぼう —— 17cm長さのもの4本(約200g)
- 水 —— 3カップ
- 豚肉(しゃぶしゃぶ用) —— 120g
- 小麦粉 —— 適宜
- たれ
  - 酒 —— 大さじ2
  - みりん —— 大さじ2
  - しょうゆ —— 大さじ2
- サラダ油 —— 小さじ1
- 粉山椒 —— 適宜

作り方
1. ごぼうはたわしで皮をこすり洗いし、そのままの長さで、左記を参照して同じようにゆで、ゆで湯の中で粗熱が取れるまで冷ます。
2. 1のゆでごぼうは水気をふき取り、豚肉の厚さが均一になるように1本ずつ巻き、表面に薄く小麦粉をふる。
3. たれの材料は混ぜ合わせる。
4. フライパンにサラダ油を熱して2のごぼうを並べ、回しながら肉全体に火を通して、3のたれをかけ、煮つめながらごぼう全体に味をからめる。
5. 4の粗熱を取って食べやすい大きさに切り、器に盛りつけて、好みで粉山椒をふる。

そら豆の塩ゆで

さやいんげんのサラダ

たけのこご飯

新じゃがとアスパラのアイオリディップ

さやいんげんのサラダ

さやいんげんのゆで加減は、意外と難しいもの。一度、保温調理鍋でお試しください。1分加熱の2分保温で、わずかな歯ごたえを残しながら、ちょうどいい加減にゆで上がります。ドレッシングには香りがマイルドな新にんじんを使っています。

材料(4人分)
- さやいんげん——200g
- 湯——3カップ
- 新玉ねぎ——1/2個
- にんじんドレッシング
  - 新にんじん(すりおろし)——大さじ2
  - レモン汁——大さじ1 1/2
  - 塩——小さじ1/4
  - こしょう——少々
  - サラダ油——大さじ3

作り方

1. さやいんげんはへたを切り落とす。調理鍋に分量の湯を沸かして塩少々(分量外)を加え、さやいんげんを入れて1分ほどゆでる。
2. 1にふたをし、保温容器に入れて2分保温する。
3. 2のさやいんげんはざるに上げて冷水につけ、水気をきって4〜5cm長さの斜め切りにする。
4. 玉ねぎは繊維と直角に3〜4mm幅に切り、3のさやいんげんとざっとあえる。
5. にんじんドレッシングの材料を混ぜ合わせて、器に盛りつけた4の野菜の上からかける。

そら豆の塩ゆで

季節の野菜をいろいろゆでてみて、その自然な甘みにいつも驚かされます。そら豆の塩ゆでもその一つ。シンプルな料理だけに、作るときはタイマー片手に真剣です。野菜やいも類をゆでるために、保温調理鍋の小さなサイズを購入するほど、はまりました!

材料(4人分)
- そら豆(さやつき)——400g
- 湯——2カップ
- 塩——小さじ1/4

作り方

1. そら豆はさやから出し、豆を取り出しやすいように黒いつめと反対側に浅い切り目を入れる。
2. 調理鍋に分量の湯を沸かして塩を加え、1のそら豆を入れて2〜3分ゆでる。
3. 2にふたをし、保温容器に入れて3〜5分保温する(豆の大きさによって火の通る時間が違うので、大きめのものを食べてみるといい)。
4. 3のそら豆をざるに上げ、手早く冷まして、器に盛る。

たけのこのゆで方

材料(作りやすい分量)
- たけのこ——小2本、または大1本(800g)
- 水——適宜
- 米ぬか——1カップ
- 赤とうがらし——1本

作り方

1. 小さいたけのこは穂先を斜めに切り、切り口から根元に向かって1本切込みを入れる。大きい場合は穂先を切り、縦半分に切る。
2. 調理鍋に1のたけのこを並べ、かぶるくらいの水を注いで、米ぬかと赤とうがらしを加え、強火にかける。煮立ってきたら軽く煮立つ火加減にして、20分ほどゆでる。
3. 2にふたをし、保温容器に入れて50〜60分保温する(根元の太い部分に竹串を刺してみて、すーっと通ればいい)。
4. 3の調理鍋を取り出してふたをはずし、たけのこはそのままゆで汁の中で冷ます。冷めたら皮をむき、水にさらしてえぐみを取る(少し食べてみて、えぐみがあるようなら、さらす時間を延ばすといい)。

たけのこご飯

鮮度のいいたけのこを見つけたら、保温調理鍋で下ゆでして、季節ならではのたけのこご飯を味わってください。市販のゆでたけのことは、一味も二味も違います。保温調理鍋でご飯も炊くことができますが、ここでは手軽に炊飯器で作るタイプをご紹介します。

材料(4人分)

- ゆでたけのこ —— 200g
- 米 —— 2合(360㎖)
- 調味料A
  - 酒 —— 大さじ1
  - みりん —— 大さじ1/2
  - しょうゆ —— 大さじ1/2
  - 塩 —— 小さじ1/2
- だし汁 —— 適宜
- 木の芽(あれば) —— 適宜

作り方

1 たけのこは食べやすい大きさの薄切りにする。米はきれいにとぎ、水気をきる。

2 炊飯器に米を入れて調味料Aを加え、2合の目盛りまでだし汁を注いで一混ぜし、たけのこを散らして普通に炊く。

3 炊き上がったら、上下を返すようにしながら全体を混ぜ、器に盛って、あれば木の芽を飾る。

新じゃがとアスパラのアイオリディップ

人が集まるときにお出しして、生のスティック野菜と同じくらい人気なのがゆで野菜。それも保温調理鍋でゆでたものは、おいしいと評判です。にんにく風味のディップをはじめ、フランスの自然海塩、時には自家製マヨネーズを添えたりして、わいわいいただきます。パルメザンチーズの塊があるときは、粗くすりおろし、ゆでたての熱い野菜にふりかけても美味です。

材料(4人分)

- 新じゃがいも —— 12～13個(500g)
- 水 —— 5カップ
- グリーンアスパラガス —— 5本(120g)
- 湯 —— 3カップ
- 塩 —— 小さじ1/2
- アイオリディップ
  - マヨネーズ —— 1/2カップ
  - にんにく(すりおろし) —— 小さじ1/2
  - レモン汁 —— 小さじ1/2～1
  - こしょう —— 少々

作り方

1 じゃがいもは皮つきのままよく洗って調理鍋に入れ、分量の水を注いで強火にかける。煮立ってきたら、軽く煮立つ火加減にして4分ほどゆでる。

2 1にふたをし、保温容器に入れて10～13分保温する。

3 2の調理鍋を取り出し、湯をきってじゃがいもをざるに上げる。

4 アスパラガスは根元のかたい部分を切り落とし、調理鍋に入る長さに切りそろえる。

5 3の調理鍋をきれいにして分量の湯を沸かして塩を加え、4のアスパラガスを入れて1分ほどゆでる。

6 5にふたをし、保温容器に入れて2分保温する。

7 6のアスパラガスはざるに上げ、冷たくしていただくときは水にとって冷ます。

8 アイオリディップの材料はよく混ぜ合わせる。

9 器に3のじゃがいもと7のアスパラガスを盛り合わせ、8のディップを添えて、つけながらいただく。

なすの含め煮

とうもろこしの塩ゆで

アレンジ

とうもろこしのサラダ

枝豆の塩ゆで

枝豆のぜいたく煮

ゴーヤーの肉詰め煮

なすの含め煮

5分加熱するだけで、あとは保温調理でじっくり煮含める、おなじみの一品。煮上りの温かいままでも、冷やしても、おいしくいただけます。煮ている間に皮の色が悪くなりますが、一度揚げてから煮含めると、美しく仕上がります。

材料（4人分）
- なす——4本
- 煮汁
  - だし汁——1½カップ
  - 砂糖——大さじ1
  - 酒——大さじ1
  - みりん——大さじ1
  - しょうゆ——大さじ2
- 大葉——5枚

作り方

1. なすはへたを落とし、縦半分に切って、皮目に浅い斜めの切り目を入れる。
2. 調理鍋に煮汁の材料を入れて煮立て、1のなすを入れて落しぶたをし、軽く煮立つ火加減で5分ほど煮る。
3. 2にふたをし、保温容器に入れて20分ほど保温する。
4. 3の調理鍋を取り出し、なすを煮汁につけたままさらに20分ほどおいて味を含ませる。
5. 器に盛りつけ、大葉をせん切りにしてのせる。

とうもろこしの塩ゆで

子どもたちが大好きなとうもろこしは、夏のおやつにぴったりです。保温調理鍋でゆでれば、加熱はたったの3分で、暑さ知らず。とうもろこしの自然な甘みが味わえます。

材料（4人分）
- とうもろこし——2本
- 湯——6カップ
- 塩——小さじ1½

作り方

1. とうもろこしは皮をむき、長さを半分に切る。
2. 調理鍋に分量の湯を沸かして塩を加え、1のとうもろこしを入れて3分ほどゆでる。
3. 2にふたをし、保温容器に入れて8分ほど保温する。
4. 3の調理鍋を取り出して湯を捨て、とうもろこしをざるに上げる。

とうもろこしのサラダ

冷凍や缶詰がポピュラーなとうもろこし。生を見つけたら、ぜひゆでてサラダに。歯ごたえと香りが違います。ここでは玉ねぎ風味のドレッシングであえましたが、子ども向きにはヨーグルトでのばしたマヨネーズであえても。

材料（4人分）
- とうもろこし（ゆでたもの）——1本
- レタス——6枚
- ミニトマト——8個
- ドレッシング
  - 酢——大さじ2
  - 玉ねぎ（すりおろし）——大さじ2
  - 塩——小さじ⅓
  - こしょう——少々
  - サラダ油——大さじ3
- パセリ（みじん切り）——少々

作り方

1. とうもろこしは包丁で実をこそげ取り、レタスは半分に切って1cm幅の細切りに、トマトはへたを取って縦四つ割りにする。
2. ボウルにドレッシングの材料を混ぜ合わせてパセリを加え、1の野菜を入れてあえる。

枝豆の塩ゆで

たっぷりの熱湯でゆでるとうまみが逃げていくようで、枝豆の塩ゆでも、すっかり保温調理鍋派になってしまいました。ゆで上りのあつあつのおいしいこと！　一粒いただくと、止まらなくなるのが悩みのたねです。

材料（4人分）
　枝豆（さやつき）——100g
　塩——大さじ1
　湯——3カップ

作り方

1　枝豆は枝つきのほうを少し切って豆を出しやすくし、塩をふってよくもむ。

2　調理鍋に分量の湯を沸かし、1の枝豆をそのまま入れて2分ほどゆでる。

3　2にふたをし、保温容器に入れて5分ほど保温する。

4　3の枝豆はざるに上げて水気をきり、器に盛りつける。

枝豆のぜいたく煮

さやつきのまま煮ることからこの名がついた、ぜいたく煮。甘辛しょうゆ味なので、関東煮とも呼ばれます。保温調理鍋を買ってから、一年に1度のぜいたくが、ついつい2度、3度になっています。

材料（4人分）
　枝豆（さやつき）——100g
　塩——小さじ1
　煮汁
　　湯——1カップ
　　だしの素（顆粒）——少々
　　砂糖——小さじ1½
　　みりん——小さじ1½
　　しょうゆ——大さじ1

作り方

1　枝豆はさやの両端を少し切り落とし、塩をふってよくもみ、水で洗い流す。

2　調理鍋に煮汁の材料を煮立て、1の枝豆を入れて2分煮る。

3　2にふたをし、保温容器に入れて15分ほど保温する。

4　3の調理鍋を取り出し、枝豆を煮汁につけたまま冷まして味を含ませる。

ゴーヤーの肉詰め煮

タイの魚醤〝ナンプラー〟で煮つけたエスニック風味の一皿。仕上げにしぼるレモンの酸味が食欲をそそります。ゴーヤーチャンプルーをマスターしたら、肉詰め煮に挑戦を。

材料（4人分）
　ゴーヤー——1本（260g）
　肉だね
　　豚ひき肉——150g
　　干しえび——大さじ1
　　酒——大さじ1
　　ナンプラー——小さじ2
　　ごま油——小さじ½
　片栗粉——適宜
　サラダ油——小さじ2
　煮汁
　　湯——1½カップ
　　鶏ガラスープの素（顆粒）
　　　——小さじ1
　　ナンプラー——小さじ2
　レモン——適宜

作り方

1　ゴーヤーは両端を少し切り落とし、1本を八つの輪切りにして、中の種をスプーンできれいにかき出す。

2　肉だねを作る。干しえびはさっと水洗いし、酒に15分ほどつけて細かく刻み、再び酒に戻す。

3　ボウルに2と残りの肉だねの材料を入れ、よく練り混ぜる。

4　1のゴーヤーの内側に薄く片栗粉をふり、3の肉だねを等分に詰め、はみ出した部分は平らにならして、表面にも薄く片栗粉をふる。

5　調理鍋にサラダ油を熱して4を並べ、両面に焼き色をつけて、一度火を止める。

6　5に煮汁の材料を加えて中火にかけ、煮立ってきたら落しぶたをして2分ほど煮る。

7　6にふたをし、保温容器に入れて20分ほど保温する。

8　器に盛りつけ、くし形に切ったレモンを添え、しぼっていただく。

渡邊純子（わたなべ・じゅんこ）

大妻女子短期大学食物栄養学科卒業。食品会社で14年間、商品の応用料理の考案や講習会を担当。その後、料理研究家のもとでアシスタントを務めて独立。現在は雑誌、料理講習会の講師、食品会社のメニュー開発など、幅広く活躍している。スペイン、ポルトガル、中国などへ家庭料理を学ぶために滞在、おいしいものを求めて世界各地を旅行するのが趣味。近くに住む両親の食事作りをきっかけに保温調理鍋と出合い、その安全性や利便性、経済性に感動。実生活の中から生まれた数多くのレシピを紹介してくれた。著書に『基本の中華』（オレンジページ）、『豆腐 こんなにある食べ方上手』『納豆力 食べるクスリ』（共に講談社）などがある。
調理アシスタント　土屋史子

装丁、レイアウト　鷲巣 隆
撮影　竹内章雄
スタイリング　千葉美枝子
構成、文　杉本正子

撮影協力　サーモス株式会社
サーモスお客様相談室
TEL 0256-92-6696

＊サーモスのシャトルシェフを
通信販売いたします。
色、仕様は掲載の商品とは異なります。
●シャトルシェフ2.6ℓ
　幅29.5×奥行き28×高さ19.5cm
　（調理鍋の内径20cm）
　商品番号5314827A
　価格18,900円（税込み）
●シャトルシェフ3.2ℓ
　幅31.5×奥行き30×高さ19.5cm
　（調理鍋の内径22cm）
　商品番号5314837A
　価格24,150円（税込み）
色はどちらもクリアブラウンのみ
電磁調理器(200V)対応
お申込み先
〒151-8524
東京都渋谷区代々木3-22-7
文化出版局　通販課
TEL 03-3299-2555
　（平日の午前11時から午後5時まで受付け）
FAX 03-3299-2495
　（24時間受付け）
1回のご注文につき送料500円が加算されます。
価格、送料とも2009年4月現在。

安心、安全、経済的
保温調理鍋でスロークッキング

発　行　2004年10月17日　第1刷
　　　　2009年4月22日　第3刷
著　者　渡邊純子
発行者　大沼 淳
発行所　文化出版局
　　　　〒151-8524　東京都渋谷区代々木3-22-7
　　　　TEL 03-3299-2565（編集）
　　　　　　03-3299-2540（営業）
印刷所　株式会社文化カラー印刷
製本所　小髙製本工業株式会社

Ⓒ Junko Watanabe 2004
Photographs Ⓒ Akio Takeuchi 2004
Printed in Japan

Ⓡ本書の全部または一部を無断で複写（コピー）することは、著作権法上での例外を除き、禁じられています。本書からの複写を希望される場合は、日本複写権センター（☎03-3401-2382）にご連絡ください。

お近くに書店がない場合、読者専用注文センターへ ☎0120-463-464
ホームページ http://books.bunka.ac.jp/